淘宝、京东、亚马逊、当当、1号店、易迅、国美在线、苏宁易购

电商违法案件研究

（2016）

中国工商报公平周刊◎出品

李国政　倪　泰◎著

中国工商出版社

责任编辑/刘安伟

封面设计/慧子

图书在版编目（CIP）数据

电商违法案件研究 / 李国政, 倪泰著. –– 北京：
中国工商出版社, 2016.2

ISBN 978–7–80215–837–5

Ⅰ.①电… Ⅱ.①李… ②倪… Ⅲ.①电子商务—法
规—案例—中国 Ⅳ.①D922.294.5

中国版本图书馆 CIP 数据核字 (2016) 第 024530 号

书名/电商违法案件研究

著者/李国政　　倪　泰

出版·发行/中国工商出版社

经销/新华书店

印刷/北京翌新工商印制公司

开本/787毫米×1092毫米　1/16　**印张**/13.75　**字数**/180千字

版本/2016年2月第1版　2016年12月第3次印刷

社址/北京市丰台区花乡育芳园东里23号（100070）

电话/63730074，83610373　**电子邮箱**/zggscbs@163.com

出版声明/版权所有，侵权必究

书号：ISBN 978–7–80215–837–5/D.510

定价：38.00元

（如有缺页或倒装，本社负责退换）

电商合规经营指南

本书综合各地行政处罚决定书，就电子商务行业易发高发违法行为，向全国电商和网店提出如下合规经营的重点，详情请参阅各章阐述。

1. 网页中勿对商品性能、成分、荣誉认证、价格、产地、重量作虚假宣传。

2. 促销优惠活动中要避免：消费者并未享受到优惠、部分产品并不参加、连续多日宣称"最后一天"、活动截止日期超过承诺期、实际折扣达不到宣传折扣、消费者没享受到"满返优惠"、消费者没有足数中奖、实际参加抽奖人数超过宣传范围、活动标称价格虚假。

3. 切勿虚构交易、虚刷好评。

4. 抽奖促销最高奖金勿超五千元，不用超过五千元的苹果手机等商品作奖品，不奖励高档商品"使用权"。

5. 普通食品广告不宣传保健功能，不使用性能力、减肥、丰胸、大脑发育、肠道功能、降低胆固醇、抗肿瘤防癌之类词语，不宣传治疗作用，不用消费者名义证明产品功能。

6. 广告中，保健食品严格按批准功能描述，药品不使用不科学用语，医疗器械以产品注册证明文件为准。

7. 不用绝对化词语，回避"顶级""最×""极品""第一"四个词。

8. 食品、酒类、化妆品广告不用医疗用语或易与药品混淆的用语。化妆品广告不说"抗菌消炎"，不夸大效用。

9. 广告使用数据要表明出处。

10. 广告语言文字不含不良文化内容，同一句中不夹外语。

11. 电商要查验网店网页广告证明，审查广告内容。

12. 遵守"七日无理由退货"规定。不要收钱不发货。不以不合格产品冒充合格产品。网售商品应符合国家标准、行业标准、企业标准。不销售国家明令淘汰并停止销售的产品。不伪造产品产地，不冒用他人厂名、厂址和认证标志。不拖延执行执法机关停止销售不合格商品的通知。

13. 网页宣传不写"驰名商标""最终解释权归××所有"。

14. 网售商品要有进货来源证明，要有中文标识、产品名称、厂名厂址。不销售侵犯和假冒他人商标专用权的商品。未拿到商标注册证的不能冒充注册商标。

15. 有网店的公司要确保经营地址与营业执照上登载的一致。

目　录

前言

中国的电商热潮正在席卷全球、改变世界。

2015 年 11 月 12 日零点，阿里巴巴正式结束"双 11"大促销活动。按照其公布的数据，在"双 11"（11 月 11 日）当天，阿里巴巴旗下各平台总交易额再次创纪录，达到 912 亿元。许多网店慨叹"卖一天顶一年"！

近年来，我国电子商务平台迅速发展，在网民的生活中占据着越来越重要的位置，活跃了网络消费，促进了电子商务市场竞争，也让消费者享受了更加实惠低廉、丰富多彩的网络购物体验。

尤其是近两年来，在中国经济下行压力增大的背景下，电子商务几乎是一枝独秀，领跑各行各业。据国家统计局发布的数据，2014 年我国全社会电子商务交易额达 16.39 万亿元，同比增长 59.4%。2014 年，阿里巴巴"双 11"交易额为 571 亿元，而到 2015 年这一数字猛增了 59.7%。

中国的电商不仅在改变中国，也在改变世界。以"双 11"为例，在 7 年时间里，最初只有淘宝天猫在玩独角戏，没几年时间，京东等几乎国内所有电商平台都加入进来。到 2015 年，"双 11"已演化成一场全球商机的盛宴：北美地区多家本土购物网站破天荒地在首页打出中文广

告，热烈庆祝"全球最大网购日"诞生；俄媒之前预计，俄罗斯人 2015
年"双 11"在中国电商平台的网购额将是在中国实体店全年消费额的
20 倍；德国、英国、土耳其的商家赶在 2015 年"双 11"前登陆中国电
商平台；德国球星拉姆还如同拜年般专门通过视频向中国人民祝贺"双
11"……

在 2015 年"双 11"购物节走到第七年时，走出国门、冲出亚洲、
迈向世界，俨然已经进化成中国本土电商和海外消费者、中国消费者和
海外商家的互联互通的符号。新华社发文说，从深层次看，"双 11"让
人们看到的，并不仅仅是虚拟世界里中国与世界的互动，而折射出中
国经济对世界的双向开放，是中国经济"软实力"走向世界的新篇章。
"双 11"大踏步迈向世界含义深远，意义重大。

无论是纵横中国，还是走向世界，都有赖于良好的形象。各电商
在迅速发展过程中，为了树立品牌形象，都在努力建立健全并严格实
施相关制度。没有这些背后的工作，电商走不出中国，更谈不上迈向
世界。但是，或因对爆发性的大规模交易应对不足，或因少数经营者
趁机浑水摸鱼，各电商平台和网店经营者都或多或少出现了侵害消费
者合法权益、扰乱网络购物市场秩序的行为，一直是社会广泛关注的
热点，成为工商、市场监管部门的重点监管对象，近年来国家有关部
门频频出台文件进行治理便是证明。

求真、求善、求美，一直是人类社会的主流需求，即使当今社会
已跨入网络文明也不例外。现在，网络商品交易市场秩序已成为一个
国家网络文明的重要体现。一个真善美，一个公平公正、安全放心的
网络交易环境，是网络社会成熟发达的重要标志。中国电商在火爆、
迅速发展的背后有没有症结？网络经营者尤其是第三方交易平台即电
商应当正视哪些问题、保障亿万网购消费者的合法权益？工商、市场
监管部门和电商、网店乃至全社会应当从哪些方面努力，才能进一步
营造真善美、营造公平公正又安全放心的网络商品交易市场环境，实

现中国网络商品交易市场可持续发展？

回答上述问题的最有效的方法，是对网络商品交易市场已经发生的违法案件展开大数据分析。然而，网络商品和交易数据信息浩如烟海，我国还没有建立高效完备的网络市场监控体系，加上囿于信息不透明，一直以来鲜见网络商品交易市场发生的违法案件详情，以至于对电商网络交易的种种违法行为多为凭印象口头概括，缺乏精准的数据分析。

不过，这种局面正在改变。2014 年 10 月 1 日起，国务院《企业信息公示暂行条例》及国家工商总局配套规章《工商行政管理行政处罚信息公示暂行规定》正式施行。按上述法规和规章的要求，工商、市场监管机关应依法将适用一般程序作出的行政处罚决定信息向社会公示。这为我们收集电商最直接、最翔实的原始数据，进而洞察电商行业的种种真实问题创造了条件。

在此背景下，从 2015 年 8 月开始，我们从北京、上海、江苏三省市工商局行政处罚信息公示系统中，收集了对京东、亚马逊、当当、1 号店、易迅、国美在线、苏宁易购等 7 户电子商务平台的行政处罚决定书共 292 份，另从全国各地随机收集了 62 份对淘宝、天猫、阿里巴巴网店的行政处罚决定书（实际中远不止这 62 份）。我们对这些案件逐个剖开进行整合分析，以上述电商为对象，对电子商务行业的种种违法行为展开理性、客观、专业的研究，在此基础上撰写了《电商违法案件研究（2016）》一书。

不过，毕竟行政处罚信息公示是一项全新的信用监管制度，至目前仅推行一年多时间，各地公示工作进度不一，即使已经开展的地方，从形式到内容也不尽相同。因此，此次研究只选取了部分有代表性的电商，而无法扩大到所有电商。另外，本次案件收集时间截止到 2015 年 7 月 31 日，但起始时间不一，如北京地区是从 2014 年 1 月 1 日，上海、江苏地区是从 2014 年 11 月 1 日，这是因为各地公开行政处罚信息的起始时间不一致。此外，不同地区的工商、市场监管机关的工作方式存在一定的差异，比如大多数执法机关是一事一案一文书，但有些地方经常将多案合并到一个文书中处理。这些因素造成不同地区的电商的案件数量存在较大差异。

此次研究的对象为354份行政处罚决定书。354份是多还是少？对偌大的电商行业有没有代表性？乍看这个问题很容易回答，但问题不那么简单。某电商一位副总裁曾向我们介绍，绝大部分网购消费者的投诉由电商客服协商解决，只有极少数投诉纠纷双方协商不了，最终转到工商、市场监管机关处理，"个中比例大概只有万分之零点几"。我们知道，工商、市场监管机关查办的案件很多来自投诉举报。我们姑且以万分之零点一计算，354件案件意味着在一年半的时间里，这些电商发生过3540万件消费者的投诉。如此看来，即使以最低的起点、最乐观的估计，电商的显性投诉量就已是一个惊人的数字；如果再加上隐性的违法行为，总数难以想象。因此，我们认为，这354件案件透露出来的种种信息，基本上能反映全国电子商务行业违法行为的整体情况。分析这些案件，能找到整个电商行业的症结，能帮助各电商准确找到改变自身、规范经营、实现健康发展的方向。

从现实看，全国电子商务行业，不管是自营电商还是平台网店，在实际发展中确实出现了一些违法违规的现象，绝大多数都由电商平台承担了主体责任。但是，以历史的眼光看，电子商务作为一种新生的经营模式，在运行初期出现这些违法行为在所难免。网络购物市场秩序客观上需要经历一个磨合的过程，而且许多问题也只有在充分暴露后，才有解决的成熟条件。最重要的是，电商要在不断反思的基础上，不断加强内部合规建设，谨记恪守法规保护消费者合法权益、维护安全放心的消费环境和公平竞争的市场环境这个大原则、大方向不能出现偏差。

本书第一至七章论述B2C电商的案件，第八章论述C2C即淘宝天猫网店的案件。本书为全国各电商平台及网店经营者改正违法行为、规范经营提供参考。全国工商和市场监管机关、消协组织、网络行业主管部门可参考这本书，开展相关监管工作。我们希望这本书能对电商和网店对症下药加强合规建设起到指导作用，能对国家加强网络商品交易市场监管执法起到促进作用，能对我国电子商务行业可持续发展起到推动作用。

李国政　倪　泰

2016 年 1 月于北京

第一章　电商违法案件概述

本次研究，我们分别选择了位于北京、上海、江苏 3 个省市的 7 户 B2C（平台经营者对消费者）电商平台。尽管我们对各地区的采集时间段不同，但在同一地区坚持同一段时间内采集，案件的件数以处罚决定书份数为准。

在北京，京东商城的案件数量，远远高于北京的另外两户电商——亚马逊和当当。查询记录发现，从 2014 年 1 月 1 日至 2015 年 7 月 31 日，京东商城共有 234 件案件，亚马逊为 14 件，当当网为 3 件。

在上海，1 号店、国美在线和易迅的行政处罚决定书数量较为接近，分别为 13 件、14 件和 12 件。但这 3 户电商的案件数量统计时间比北京要少 10 个月，为 2014 年 11 月 1 日至 2015 年 7 月 31 日。

在江苏，苏宁易购的案件在同一时间段明显少于上海的 1 号店、国美在线和易迅，数量为 2 件。

当然，电商违法案件数量与其经营规模，与办案机关的工作方式都有密切的关系。

抛开各电商的经营规模不谈，仅从执法机关的角度而言，对京东、亚马逊、当当、易迅、国美在线、苏宁易购的案件的行政处罚决定书，基本上是一案一事一文书的模式，有多少份处罚决定书就对应有多少起案件和多少起违法行为。但 1 号店的情况大不相同，其中有两方面原因：

一方面，1 号店案件涉及两个当事人，即纽海电子商务（上海）有限公司和纽海信息技术（上海）有限公司。其中，纽海电子商务（上海）有限公司注册地为中国（上海）自由贸易试验区顺通路 5 号 A 楼 019D 室，监管机关为上海市工商局自由贸易试验区分局，该分局在抽样调查期间内对其作出 6 份处罚决定书。纽海信息技术（上海）有限公司注册地为上海市张江高科技园区祖冲之路 295 号 102 室，监管机关为上海市浦东新区市场监督管理局，该局对其作出了 6 份处罚决定书；上海市工商局检查总队也对其作出 1 份处罚决定书。

据浦东新区市场监督管理局认定，纽海信息技术（上海）有限公司是一家利用互联网从事网络商品交易及有关服务经营的台港澳法人独资的有限责任公司，"负责在 1 号店网站（www.yhd.com）上从事 1 号店自营商品的销售"[①] "负责在其设立的 1 号店官方网站（www.yihaodian.com）上发布商品广告信息并负责自营商品的销售"[②]。

浦东新区市场监督管理局还认定，纽海信息技术（上海）有限公司于 2007 年 11 月 29 日成立，主要从事在 "1 号店" 网站（www.yhd.com）销售食品、家用电器、数码产品等各类百货商品的经营活动。该网站由纽海电子商务（上海）有限公司设立，但实际由当事人负责具体运营[③]。上海市工商局检查总队也认定，纽海信息技术（上海）有限公司与 1 号店的经营主体纽海电子商务（上海）有限公司为关联公司[④]。

据上海市工商局自由贸易试验区分局认定，纽海电子商务（上海）

---

① 浦市监案处字〔2015〕第 150201510448 号

② 浦市监案处字〔2015〕第 150201319884 号

③ 浦市监案处字〔2015〕第 150201510623 号

④ 沪工商检处字〔2015〕第 320201510109 号

有限公司是 1 号店网站（www.yhd.com）的运营商，主要从事第三方网络平台交易活动 ①。

上述认定，都指向 1 号店与纽海电子商务（上海）有限公司和纽海信息技术（上海）有限公司密切相关，因此本书中将两个公司的 13 份处罚决定书合并，共同作为 1 号店违法案件分析的基础。

另一方面，从 1 号店的行政处罚决定书看，办案机关上海市工商局自由贸易试验区分局多次对纽海电子商务（上海）有限公司采取案件合并办理方式（多见广告类违法案件），将一定时期内 1 号店的多个违法行为合并办理，并作出一份处罚决定书，最多的是一份处罚决定书中处罚了 22 起违法行为。在对 1 号店的多个违法行为进行处罚后，文书末尾还对 1 号店不履行广告审查义务的行为进行单独处罚。因此，尽管 1 号店在抽样期内只有 13 份行政处罚决定书，但其中记录的 1 号店的违法行为超过 85 起。

因此，本章中描述的 1 号店的违法案件的件数，主要以其 13 份处罚决定书的份数为准，其实际违法行为远远超过 13 起。

此外，1 号店、国美在线和易迅有些案件是由原上海市工商局浦东新区分局、嘉定分局和宝山分局查处的，但现这 3 个分局均实行了体制改革，改为上海市浦东新区、上海市嘉定区、上海市宝山区市场监督管理局。为方便阅读，书中将上述分局统一成现在的市场监管局表述。（见表 1）

本次共抽样收集了 7 户 B2C 电商的 292 份行政处罚决定书。从违法行为类型看，7 户电商共涉及 8 类违法性质，从多到少分别为：不正当竞争、食品广告违法、广告违法、产品质量违法、消费侵权、商标违法、合同违法、药品（医疗器械）广告违法。（见表 2）

根据表 2，可以得出电商违法案件各种类型所占比例。其中，不正

---

① 沪工商自贸案处字〔2015〕第 410201510005 号

表 1　7 户 B2C 电商案件收集情况

项目 当事人	电商平台	法定代表人	案件来源	起止时间	处罚文书份数	办案机关
北京京东世纪信息技术有限公司	京东商城 www.jd.com	刘强东	北京市企业信用信息网（市工商局）	2014 /1/1 至 2015 /7/31	234	北京市工商局开发区分局
北京世纪卓越信息技术有限公司	亚马逊 www.amazon.cn	张建弢			14	北京市工商局朝阳分局
北京当当科文电子商务有限公司	当当网 www.dangdang.com	俞渝			3	北京市工商局东城分局
纽海电子商务（上海）有限公司	1 号店 www.yhd.com	祝鹏程	全国企业信用信息公示系统（上海）、上海市工商局官网	2014 /11/1 至 2015 /7/31	13	上海市工商局自由贸易试验区分局
纽海信息技术（上海）有限公司		Liu Jun ling				上海市浦东新区市场监管局
上海国美在线电子商务有限公司	国美在线 www.gome.com.cn	牟贵先			14	上海市嘉定区市场监管局
上海易迅电子商务发展有限公司	易迅 www.yixun.com	谢兰芳			12	上海市宝山区市场监管局
南京苏宁易购电子商务有限公司	苏宁易购 www.suning.com	金明	全国企业信用信息公示系统（江苏）		2	南京市玄武区市场监管局

当竞争占比最高，约占 44%；紧随其后的是食品广告违法案件，占比为 27%；第三是一般广告违法案件，占比 20%。由此可见，不正当竞争、食品广告及一般广告，是电商最容易发生违法行为的环节，这值得整个电商行业重视。此外，产品质量、消费者权益保护、商标、格式合同、

表 2 电商违法案件类型数量分布

（单位：件）

电商 类型	北京			上海			江苏	合计
	京东	亚马逊	当当	1号店	国美 在线	易迅	苏宁 易购	
不正当竞争	113	5		4	2	5		129
食品广告违法	62	2	2	2	8			76
一般广告违法	50	1		3		1	2	57
产品质量违法	1	3	1	3	3	2		13
消费侵权	2	2				4		8
商标违法	3	1		1				5
合同违法	1				1			2
药品广告违法	2							2
合计	234	14	3	13	14	12	2	292

药品（医疗器械）广告方面也是电商违法行为的易发环节。各电商应重点加强这 8 个方面的合规建设。（见表 3）

表 3 电商违法案件类型占比

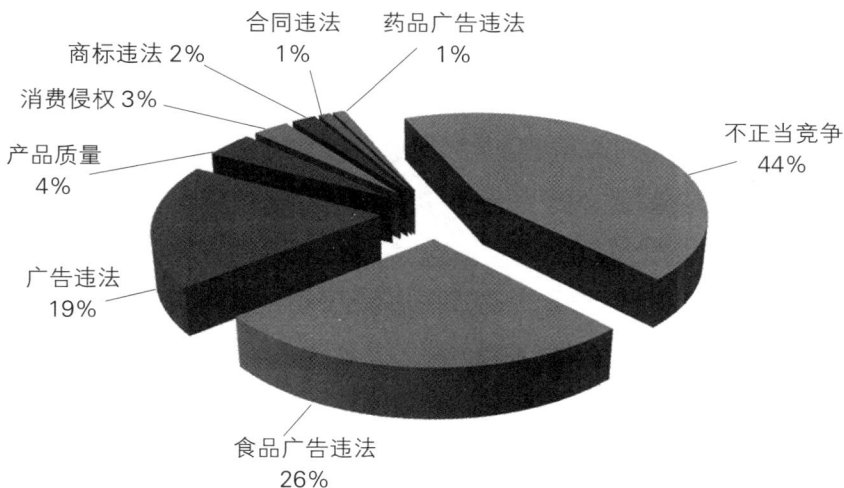

- 合同违法 1%
- 药品广告违法 1%
- 商标违法 2%
- 消费侵权 3%
- 产品质量 4%
- 广告违法 19%
- 不正当竞争 44%
- 食品广告违法 26%

第二章 电商不正当竞争案件分析

为鼓励和保护公平竞争，制止不正当竞争行为，保护经营者和消费者的合法权益，我国于 1993 年 9 月 2 日颁布《反不正当竞争法》，当年 12 月 1 日起施行。该法要求经营者在市场交易中，应当遵循自愿、平等、公平、诚实信用的原则，遵守公认的商业道德，并授权县级以上人民政府工商行政管理部门对不正当竞争行为进行监督检查。

表 2 说明，7 户电商的违法案件类型以不正当竞争最为集中，在所有违法行为类型中的占比达 44%，个中原因值得深入探究。

不正当竞争案件涉案电商

从涉案电商看，有 5 户电商发生过不正当竞争行为，分别是：京东 113 件，易迅 5 件，亚马逊 5 件，1 号店 4 件，国美在线 2 件。

当当、苏宁易购尚不见此类案件。

从表 4 看，京东差不多有一半的案件的性质为不正当竞争，占比为 48.3%，高于电商平均值（44%）。易迅的案件中，不正当竞争案件占比也较高，为 45.5%。随后是亚马逊，有 35.7% 的案件为不正当竞争。1

表 4　电商不正当竞争案件数量

（单位：件）

	京东	易迅	亚马逊	1 号店	国美在线	合计
不正当竞争	113	5	5	4	2	129
电商案件总数	234	11	14	13	14	292
占比	48.3%	45.5%	35.7%	30.8%	14.3%	44%

号店的这类案件比例占 30.8%。国美在线的案件中，不正当竞争占了不到 15% 的比例。（注：表 4 中的 292 件为 7 户电商的案件总数）

不正当竞争案件违法性质

我国《反不正当竞争法》列举了 11 种不正当竞争行为，分别为：（1）假冒、仿冒行为；（2）限购排挤行为；（3）滥用行政权力限制竞争的行为；（4）商业贿赂行为；（5）虚假宣传行为；（6）侵犯商业秘密的行为；（7）压价排挤竞争对手的行为；（8）搭售商品或附加不合理交易条件的行为；（9）不正当有奖销售行为；（10）诋毁商誉行为；（11）串通、勾结投标行为。

仔细分析此次收集的 129 件电商不正当竞争案件，发现 5 户电商的不正当竞争行为只分布在两个类别：一是进行虚假宣传，二是进行抽奖式有奖销售的最高奖金额超过五千元。其他 9 类不正当竞争类型未见涉及。

表 5　电商不正当竞争案件性质分类

（单位：件）

	京东	易迅	亚马逊	1 号店	国美在线	合计	占比
虚假宣传	110	5	5	3	1	124	96%
超额有奖销售	3			1	1	5	4%

而在全部 129 件不正当竞争案件中，虚假宣传占了绝大部分，比例高达 96%，尤其是京东、易迅和亚马逊这 3 户电商的不正当竞争行为几乎都属虚假宣传。

另外一类即抽奖式有奖销售最高奖金额超过五千元的违法行为，只占到不正当竞争案件数的 4%。其中，京东发生过 3 件，1 号店和国美在线各有 1 件。

不正当竞争案件违法表现形式

1. 虚假宣传和虚构交易

《反不正当竞争法》第九条关于虚假宣传的禁则为：经营者不得利用广告或者其他方法，对商品的质量、制作成分、性能、用途、生产者、有效期限、产地等作引人误解的虚假宣传。广告的经营者不得在明知或者应知的情况下，代理、设计、制作、发布虚假广告。

从 5 户电商的虚假宣传案件的表现形式看，虚假宣传内容最为集中的是商品的性能，如京东有 25 件、易迅有 5 件、1 号店有 2 件、国美在线有 1 件。

下文将电商虚假宣传案件的主要内容都列表出来，供全国电商和网店经营者参考，并以之作为反面教材，在实际经营中避开这类虚假宣传词语或行为。

（1）京东商城虚假宣传案件

仔细梳理京东商城的案件，发现其虚假宣传的内容分布在 11 个方面，分别为优惠活动、性能、成分、荣誉认证、普通食品冒充保健品、价格、产地、最大化语言、假冒外国注册商标、型号和重量。（见表 8）

其中，活动优惠、性能和成分 3 个方面的占比较高，最容易"表述过火"。

对京东而言，教训最深刻的莫过于"活动优惠"方面的虚假宣传。

表 6 京东虚假宣传内容分类

虚假宣传内容	涉案件数	处罚结果
优惠活动	30	1 万元、2 万元
性能	25	1 万元、5 万元
成分	22	1 万元、2 万元、2.5 万元、5 万元
荣誉认证	10	1 万元、2 万元、2.5 万元、5 万元
普通食品冒充保健品	7	1 万元、5 万元
价格	6	1 万元
产地	5	1 万元、2 万元
最大化语言	4	1 万元、2 万元、5 万元
重量	1	1 万元
型号	1	1 万元
假冒外国注册商标	1	1 万元

作为自营商品占 60% 业务的电商，京东经常抓住节假日、网络消费高潮期等时令，开展形式多样的优惠促销活动。一些活动靠"优惠内容"吸引了网民眼球，引来了海量订单，销售额甚至数以亿计。但就是其中的一些"优惠内容"，让京东屡逾红线，最后因虚假宣传受罚。

其实，不仅是京东，也不管是自营还是网店，绝大多数电商都会抓住时令开展优惠活动，最典型的就是每年的"双 11"。那么，电商开展优惠活动时，必须要注意一些什么问题？我们在此以京东为例，对电商"优惠活动"虚假宣传表现形式展开一番深入分析，总结违法优惠活动的种种规律性教训，供包括京东在内的所有电商和网店引以为戒，是非常有意义的。

概括起来，京东在开展优惠促销活动时，涉及的虚假之处包括：消费者并未享受到优惠，部分产品并不参加，连续宣称"最后一天"，活动结束日最终超过承诺期，实际折扣达不到宣传的折扣，消费者没享受到"满返优惠"，消费者并没足数中奖，实际参加抽奖人数比宣传的多，优惠活动标称的价格虚假。具体案件表现形式为：

——消费者并未享受到优惠。

如在京东"全场满 399 减 50、999 减 150、1399 减 200"活动中，实际当天购买商品的消费者并未享受到前述满减优惠。

如在京东"秋装特惠：199 减 30，299 减 50，499 减 100。26 号开始！"活动中，当天一些消费者实际未享受到"499 减 100"的优惠。

如在京东"年货啤酒满 299 减 50、499 减 100！"活动中，实际当天有消费者购买该商品时，并未享受到前述满减优惠。

——部分产品不参加且未明示。

如京东开展"红六月开门红！全店满减！满 199 减 30，满 299 减 60，限 4–9 号"活动，但"车之魂洗车工具超细纤维毛巾"并未参加这项满减活动，但未明显表示。

——连续宣称"最后一天"。

如京东曾开展"最后一天，明天涨价"；"［今日团购］1388 秒杀！即将恢复原价 2588！仅此一天"等活动。经执法机关核实，这些表述至少继续存在了 4 天，至被查处时，商品一直未恢复原价销售，一直是"最后一天"优惠。

京东在促销"2014 巴西世界杯官方授权经典斜挎水滴包（雨林绿）"活动中，宣称"全球限量 1000 个""全球限量发售 45 天"。经核实，数量确实未超过 1000 个，但实际销售期限超过了 45 天。

京东在"2014 新款纯棉加肥加大长袖衬衣男"商品页面中，宣传称"128 全国包邮最后一天！！！明天涨价 158！"。实际上，该款商品连续 5 天的售价均为 128 元。

——活动截止日超过承诺期。

如京东在 2014 年 9 月 1 日至 9 月 19 日，举办"送 iphone6/ 手柄 /50 元话费活动"，购买商品就可参加抽奖。实际该活动开奖后，有中奖人是在 2014 年 9 月 21 日购买该产品的，超过了事先宣传的 9 月 19 日。

——实际折扣达不到宣传折扣。

如在京东"爆款手机5折限量"活动中，实际参加该活动的三星、华为、索尼、诺基亚、酷派等商品的折扣均超过五折。京东还曾开展"阿玛尼手表全场清仓，1折起"活动、"姬龙雪GuyLaroche全场6折"活动，但实际该活动中并无1折商品、6折商品。在"HUGO品牌5折再满减"活动中，实际有6个编号的商品均高于五折。

——消费者没享受到"满返优惠"。

如京东宣传称"购买京东自营打印机、一体机（编号6-7位），单笔订单满999元返150京券/满1998元返300京券/满2997元返450京券"。实际上，消费者在活动期间购买商品编号280217、216237、536668的一体机及打印机时，并未享受到前述的"满返优惠"。

——消费者并没足数中奖。

如京东举办"海鸥腕表整点免单活动"的促销活动，活动内容为：6月17日—6月21日每天11点、14点、18点、20点、22点，每个整点产生1名消费者可免单，且第二天会公布免单消费者名单。经查，京东公布的是模拟的免单消费者名单。

如京东网页宣传"前1000名成功购买且评论+晒单即可获赠50元礼品卡更有机会抽取3000元加油卡"。抽奖活动规则如下：三重大礼：1.第一重：原价798元，预约惊爆价×98元。2.第二重：晒单有礼，前1000名50元京东礼品卡。3.第三重：超级乐透，3000元中石化加油卡5名，500元中石化加油卡50名。经核实，京东只抽取了2名一等奖和10名二等奖。

——实际参加抽奖人数比宣传的多。

如京东举行"好评、晒单抽大奖活动"，参与规则是：1.预约的顾客可以在9月24日12:00参加抢购；2.好评、晒单规则：a订单编号+评论标题、b不少于30字的使用感受或者您期待的功能、c不少于3张的实物照片；3.好评、晒单截止时间：9月30日00:00。实际上，京东在确定参加抽奖人员名单时未遵循上述规则，好评及晒单用户均获得抽奖资格。

——优惠活动标称的价格虚假。

如京东宣称"夺宝岛 1 元起步竞拍苹果 5S 手机"，实际上起拍价被设置为 4049 元。宣称"PROSCENIC 牌扫地机 9.9 元起"，实际上该活动中并没有 9.9 元的商品。

以上是对京东虚假宣传优惠活动的内容进行分析。在时间方面，京东虚假宣传优惠活动也有一定的规律。以 2014 年为例，我们统计这一年京东的案件发现，其虚假宣传优惠活动的案件从 4、5 月开始发生，6、8 月开始增加，到 9 月达到一个高峰，10、11 月缓慢下降，到 12 月又迅速接高，并达到全年高峰。从全年看，第一季度中的 1、2、3 月份和第二季度的 7 月份没有发生这类案件。

这说明，京东虚假宣传优惠活动案发高峰期在 6 月到 10 月，最高峰是 12 月，因为这个月有圣诞节，又是元旦前夕，是一年促销活动的最高潮。这也不难理解——无论是自营电商还是平台网店，都想在年底冲量，所以会使出浑身解数力图提升全年销售任务。因此，在 12 月发生的虚假宣传优惠活动案件最多也就不足为怪了。

建议包括京东在内的所有电商根据这个特点，提前介入审查把关，尤其是提前对促销高峰期的优惠活动规则进行合规审查，避免优惠活动触雷。

表 7　2014 年京东虚假宣传优惠活动案件数量动态

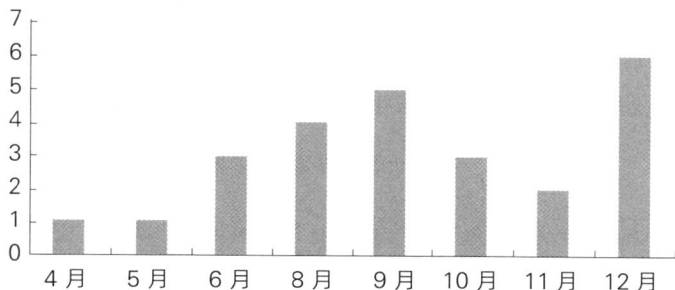

表 8　京东商城虚假宣传案件一览

虚假宣传内容	涉及商品	表现形式	处罚（元）
优惠活动	举办"HUGO 品牌 5 折再满减"活动	实际该活动中有 6 个商品编号均高于 5 折	2 万
	举办"阿玛尼手表全场清仓，1 折起"活动、"姬龙雪 GuyLaroche 全场 6 折"销售活动。	实际该活动中并无 1 折商品和 6 折商品	2 万
	举办"团购换新清仓，大牌 1 折起，美的品牌团专场"活动	经核实，上述促销活动中没有 1 折商品销售	2 万
	男士控油补水套装	"元旦有礼钜惠新年满 199 减 80"活动，实际消费者并未享受	1 万
	聚豹 JUBAO2014 秋装新款韩版休闲裤	连续三天宣称该商品"最后一天，明天涨价"	1 万
	2014 巴西世界杯官方授权经典斜挎水滴包（雨林绿）	宣称为"全球限量 1000 个"、"全球限量发售 45 天"。经核实，数量未超过 1000 个，但实际销售期限超过 45 天	1 万
	2014 新款纯棉加肥加大长袖衬衣男 L-170 左右	页面宣传称"128 全国包邮最后一天！！！明天涨价 158！"，实际该款商品在 5 天的售价均为 128 元	1 万
	力保健（Lipovitan）人参王浆	宣传称该产品消费"满 200 元减 50 元"，实际该产品当天并不参加活动	1 万
	达尔芙男士内裤	宣称购买上述商品"满 80 元立减 5 元、满 120 元立减 10 元"。实际当天部分消费者购买时未享受到优惠	1 万
	佐少男鞋	宣称"[今日团购]1388 秒杀！即将恢复原价 2588！仅此一天"。经核实，上述表述在该 4 种商品的宣传页面继续存了 4 天，且该 4 种商品未恢复原价销售	1 万
	百度（Baidu）影棒 3SB3034K 超清网络机顶盒	2014 年 9 月 1 日至 9 月 19 日，当事人举办"送 iphone6/ 手柄 /50 元话费活动"，购买该产品就可参加抽奖。实际该活动开奖后有中奖人是在 2014 年 9 月 21 日购买该产品的	1 万
	举办"爆款手机 5 折限量"活动	实际参加该活动的三星、华为、索尼、诺基亚、酷派等商品的折扣均超过 5 折	1 万

续表

虚假宣传内容	涉及商品	表现形式	处罚（元）
优惠活动	网站上宣传称"购买京东自营打印机、一体机（编号6-7位），单笔订单满999元返150京券/满1998元返300京券/满2997元返450京券"	实际消费者在活动期间购买商品编号280217、216237、536668的一体机及打印机并未享受到前述的满返优惠	1万
	车之魂洗车工具超细纤维毛巾	当事人开展"红六月开门红！全店满减！满199减30，满299减60，限4-9号"活动。经核实，"车之魂洗车工具超细纤维毛巾"并未参加满减活动	1万
	海鸥腕表	网站上举办"海鸥腕表整点免单活动"的促销活动，活动的具体内容为：6月17日-6月21日每天11点、14点、18点、20点、22点其中每个整点产生1名消费者可免单，且第二天会公布免单消费者名单。实际当事人公布的是模拟的免单消费者名单	1万
	"直击京东发布会走秀款同步发售6折抢购"活动	实际参加该活动的商品并没有达到6折折扣	1万
	苹果iPhone5S16G版3G手机（金色）	网站上宣称"夺宝岛1元起步竞拍苹果5S手机"，实际上起拍价被设置为4049元	1万
	举办"健康无价随时呵护器械半价专场"活动	实际参加该活动的部分商品折扣超过5折	1万
	PROSCENIC牌扫地机	宣称"PROSCENIC牌扫地机9.9元起"，实际该活动并没有9.9元的商品	1万
	举办"宾格品牌团全场2折封顶"活动	实际参加该活动的部分商品折扣均超过2折	1万
	美特高（MATEGO）Blazer安全预警行车记录仪	网页宣传"前1000名成功购买且评论＋晒单即可获赠50元礼品卡更有机会抽取3000元加油卡"。抽奖活动规则如下：三重大礼：1.第一重：原价798元，预约惊爆价×98元。2.第二重：晒单有礼，前1000名50元京东礼品卡。3.第三重：超级乐透，3000元中石化加油卡5名，500元中石化加油卡50名。经核实，当事人只抽取了2名一等奖和10名二等奖	1万
	微笑天使正品加里曼丹黄奇楠倒架沉香佛珠手链手串	宣称"全场满399减50、999减150、1399减200"，实际当天购买该商品的消费者并未享受到前述满减优惠	1万

续表

虚假宣传内容	涉及商品	表现形式	处罚（元）
优惠活动	诺奇男士立领短款棉衣	宣传称"秋装特惠：199减30，299减50，499减100。26号开始！"，实际当天的一些消费者未享受到"499减100"的优惠	1万
	开展"今日团购：[赛百味]65元代金券，团购价35元"活动	经查，当天该团购活动未实际举行	1万
	newifi新路由mini千兆AC双频智能路由器	举行"好评、晒单抽大奖活动"，该活动具体参与规则是：1.预约的顾客可以在9月24日12:00参加抢购；2.好评、晒单规则：a订单编号＋评论标题、b不少于30字的使用感受或者您期待的功能、c不少于3张的实物照片；3.好评、晒单截止时间：9月30日00:00。实际当事人在确定参加抽奖人员名单时未遵循上述规则，好评及晒单用户均获得抽奖资格	1万
	青岛啤酒奥古特	宣称该商品参加"年货啤酒满299减50、499减100！"活动，实际当天有消费者购买该商品时并未享受到前述满减优惠	1万
	举办"大牌返场火力全开满299即可享优惠至39元"活动	实际当天购买活动商品的消费者并未享受到前述满减优惠	1万
性能	儿童跳跳杆弹跳器	宣传该产品是"减肥"、"增高"作用，实际宣传并无依据	5万
	光盾鼻博士鼻之光半导体激光鼻炎治疗仪	宣称该产品的"适合人群"为"鼻炎、咽炎（急/慢性咽炎）、中耳炎及突发性耳鸣耳聋"；宣称该产品的"国家专利号"为"ZL200420111346.0"。实际上，经查询国家食品药品监督管理局网站，该产品的适用范围为"用于急性鼻炎、慢性鼻炎急性发作、过敏性鼻炎的治疗，对降低血黏度、降低血脂及心血管疾病有辅助治疗作用"；经查询国家知识产权局，当事人的网页宣传专利与实际不一致	2万
	茧缘贵族型双人床蚕丝长丝子母被子淡雅佳人	当事人无法提供材料证明该商品具备的功效和获得的荣誉、证书	2万
	村品鹿茸血片	宣传该商品补肾助阳、暖宫补血、保护心脏、治疗创伤功效，当事人无法提供材料证明该商品具备上述功效	2万

续表

虚假宣传内容	涉及商品	表现形式	处罚（元）
性能	脱脂牛奶	宣传能量为 3%，实际该产品能量为 2%	1 万
	朵朵神速大健胸贴	宣传页面介绍该商品"功效：胸部扁平、下垂、外扩、内顶等问题一次性解决。坚持使用 10 天的时间就可以增大一个罩杯；当您使用不到 1 个月的时间就可以达到丰胸、美健胸的理想效果，而且永久保持完美胸型"。实际该商品为普通化妆品	1 万
	酷比魔方 TALK9X3G 通话平板电脑	宣传存储容量为 32G，实际为 16G	1 万
	酷比魔方（CUBE）U25GT 超级版 7 英寸平板电脑	网页上宣称该平板支持"光线感应功能"。经核实，该平板并不支持光线感应	1 万
	数位移动影院 PK6902（头戴式显示器；食品眼镜；MobieTheateater）	网页上宣称该产品支持"游戏功能"。经核实，该产品并不支持游戏功能	1 万
	三星（SAMSUNG）7 寸平板电脑	网页上宣称该平板支持"光线感应功能"。经核实，该平板并不支持光线感应	1 万
	夏朗 F630 女性手机	宣传称摄像头像素为 300 万，实际该款手机的摄像头像素为 200 万	1 万
	奥林巴斯（OLYMPUS）SP-100EE 长焦数码相机	宣称该相机支持"触摸屏"功能。经核实，该相机并不支持触摸屏功能	1 万
	九州鹿中长桑蚕丝被	宣称该商品具有"防过敏抗菌除螨"、"缓解皮肤瘙痒"、"预防动脉硬化"、"美容抗皱"等功效并且"对各种病痛，像关节炎、风湿病、哮喘病等有特殊的疗效"。以上功效没有合法有效的依据	1 万
	同仁堂枸杞子	当事人超出药典范围对该商品功效进行宣传	1 万（2 件）
	联想 A320T4G 深邃黑移动 4G 手机	宣称该商品支持 GPS 功能，实际该商品不支持	1 万
	努比亚小牛 3Z7mini4G 手机	宣传称手机支持电信 4G（FDD-LTE）制式，实际该款手机并不支持	1 万
	爱尔泰医用家用制氧机 1 升机 AM-1W 净化空气	宣传有车载功能，实际该商品没有车载功能，在车内可通过车载型逆变器实现车载功能	1 万

续表

虚假宣传内容	涉及商品	表现形式	处罚（元）
性 能	惠普（HP）ENVY14-u004 TX14英寸游戏笔记本电脑	宣传该产品配备"夜光键盘"，实际该产品键盘并不具备夜光功能	1万
	富安娜家纺馨而乐尚雅桑蚕丝被	宣称该商品"长期使用具有美容护肤功效"，没有合法有效的依据	1万
	耐氏男用喷剂	使用"纯中药外用速效延时喷剂"、"防早泄"、"壮阳补肾"、"早泄克星、延时不麻木、一炮到天亮"等用语。经核实，该商品实际是消毒产品，当事人亦无法提供材料证明该商品具有上述宣传功效	1万
	华硕（ASUS）N550JV15.5英寸笔记本	宣称该商品硬盘转速为7200转/分钟，实际该商品硬盘转速为5400转/分钟	1万
	明基（BenQ）GH680F数码相机魔幻黑	宣称该商品具有电子取景器功能，实际上不具有	1万
	索尼（SONY）XperiaXL39h 6.44英寸平板电脑	宣称该商品为平板电脑，实际该商品为WCDMA数字移动电话机	1万
	永生DF1161两档控温速热小太阳电暖器	宣传该产品具有120度左右摇头功能，实际该产品并不具备该功能	1万
成 分	AMPAPE苹果爱曼普2014专柜同步秋冬男装	宣传该商品面料是"46%棉 35.6%亚麻 18.4%苎麻"，实际该商品主身成分是100%棉，袖子成分是77.4%棉 22.6莱赛尔纤维	5万
	神舟（HASEE）飞天U141 GD 314英寸超薄本	宣传该商品的麦克风接口和音频接口为独立的接口，实际商品为一个接口，包含麦克风输入和音频输出两种功能	5万
	999千足金镶嵌水晶吊坠、男女款2014送礼首选特色珠吊坠长命锁等	宣传为千足金镶嵌水晶吊坠，实际经举报人检测为仿水晶项链坠	5万
	Nestle雀巢中老年奶粉益护因子配方400g袋装	宣传该产品是"益护因子配方"，实际该产品中并无此配方	5万
	24K金箔玫瑰花	宣称该商品"产品材质：花瓣和花叶为24K金箔（纯度99.9%纯金箔），花杆为聚乙烯镀金"。经检验认定，该商品花杆部分为非贵金属	2.5万

续表

虚假宣传内容	涉及商品	表现形式	处罚（元）
成分	水星家纺蚕丝被	宣称该产品"精选优质桑蚕丝原料、护肤美容、对关节健康很有好处、安神助眠、提高睡眠质量、消除疲劳、预防风湿关节炎及皮肤病、抗菌防螨、亲肤防敏、美容抗皱、对人体睡眠时的血液循环和新陈代谢具有良好的调节作用、增强人体细胞活力、改善心血管疾病、延缓皮肤老化、避免紫外线对皮肤的伤害、远离一切污染农药及其他化学物质"。当事人不能提供该宣传的科学依据和相关研究结论	2万
	流昕雨天然黄玉八大守护神男女吊坠	经鉴定材质为碳酸盐质玉	2万
	餐桌餐椅套装	宣称该商品为纯实木。实际该商品的材质包含实木、实木颗粒及泰国橡木贴皮	1万
	项链	宣传"镀白金"（铂金），实际均"不含铂金成分"	1万
	华硕（ASUS）N750JV17.3英寸笔记本	宣传该产品面板材质为"超广视角IPS面板"，实际该产品并非IPS材质	1万
	原道（vido）M6C7.85英寸平板电脑	页面上宣称该产品具有RJ-45网口，实际上该产品并没有RJ-45网口	1万
	卡芙琳蓝色奥地利水晶套装纯银项链、纯银手链女款紫色锆石时尚手饰	页面宣传产品"镀白金"（铂金），实际经鉴定这两款商品均"不含铂金成分"	1万
	戴尔（Dell）UltraSharpU301430英寸LED宽屏IPS液晶显示器	宣称该商品具有MHL接口、具有无线连接功能、显示器屏幕比例为16：9、最佳分辨率为2560×1440，实际该商品并不具备MHL接口、并不具备无线连接功能、屏幕显示比例是16：10、最佳分辨率为2560×1660	1万
	松古树美5X虫草含片北冬虫夏草含片非胶囊	网页中介绍该商品的名称为"松古树美5X虫草含片北冬虫夏草含片非胶囊30粒2瓶装一疗程"，同时该网页包含以"虫草-百药之王"为题的对冬虫夏草功效进行介绍的内容。经核实，商品外包装上标明的品名是虫草子实体糖果，配料表中标明该商品配料包括广东虫草子实体，但其生产原料未包括蛹虫草（又名北冬虫夏草）及冬虫夏草	1万

续表

虚假宣传内容	涉及商品	表现形式	处罚（元）
成分	七彩虹 CT132Q.Tiny 平板电脑	宣称该商品"音频接口：3.5mm 麦克风接口，3.5mm 耳机接口"，实际该款平板电脑的麦克风接口和耳机接口系共用	1 万
	ThinkPadT440s（20ARA0QJCD）14 英寸超级本	宣称该商品"显示器屏幕类型：HD+LED 背光触控显示屏"，实际该款商品未配备触控显示屏	1 万
	憨豆熊牌原味东北松子	宣传该产品纯天然、原生态、零添加剂，实际产品包装注明有柠檬酸	1 万
	麦维斯柔情 18k 白金钻石吊坠	宣称该商品底托金属为 18k 白金。实际该商品不含铂金成分，其底托金属为 18k 金	1 万
	斯旺森（Swanson）超级复合益生菌	宣传称该产品含 15 种益生菌，实际该产品的外包装中英文均标注含 13 种益生菌	1 万
	欧莉斯（olies）床品家纺超柔高支高密羊绒被	宣称该商品"采用 30% 羊绒 +70% 聚酯纤维的羊绒被芯"。实际上，该商品检测结果为 69.7% 聚酯纤维，30.3% 羊毛	1 万
	lovewaiting 水晶镶金吊坠	宣称该商品的材质为千足金及水晶。实际该商品黄色片状部位材质为千足金，但透明部位材质并非水晶	1 万
	宝能美土黄金冬虫夏草纯粉含片	发布"纯正虫草提取""选材：精选优质虫草"等内容。经核实，商品包装标明的品名是虫草子实体糖果，配料表中标明该商品配料包括虫草子实体，但生产原料未包括冬虫夏草	1 万
荣誉	野花谷巢蜜、蜂力奇蜂蜜	使用"纯天然有机蜜""天然有机绿色无公害野生土蜂蜜"的宣传用语。经核实，上述商品当时均未获得有机认证	5 万
	松道 2000ml 真空保温户外运动大容量广口旅行暖水壶水瓶	网页宣称松道 +songdao+ 图形商标为中国驰名商标。经核实，该商标并未获得中国驰名商标的称号	2.5 万
	广州酒家秋之味腊味金装特技腊肠金装腊肉	网页上宣称秋之风商标是中国驰名商标。经核实，秋之风商标并不是中国驰名商标	2 万
	华亚 2000ml 真空不锈钢保温咖啡壶	网页上宣称华亚商标是中国驰名商标。经核实，华亚商标并不是中国驰名商标	2 万
	坚果	宣称该商品为"有机绿色"食品，实际该商品并未得到有机绿色产品认定	1 万

续表

虚假宣传内容	涉及商品	表现形式	处罚（元）
荣誉	正北牌纯净半方糖 400g	宣传商品为绿色食品。经核实，证书已早被撤销	1 万
	康富来胶原蛋白压片糖果	网页上发布了"中国名牌值得信赖"、"生产日期：最近 4 个月份内的批次"等内容的文字，实际在 2014 年 4 月下单购买的消费者收到商品的生产日期为 2012 年 12 月（该商品保质期为 2 年），且当事人无法提交相关材料证明该商品获得"中国名牌"称号	1 万
	威莱海豹油软胶囊 60 粒装	宣传该产品是保健食品，批准文号为"国食健字 G20090065"，并由美国威莱国际集团有限公司质量监督。经核实，"国食健字 G20090065"为另一种胶囊的批准文号，且该产品并没有美国威莱国际集团有限公司质量监督	1 万
	莱薇儿 Laver 丰胸美乳精油凝胶产品 50ml 按摩霜	宣称该按摩霜获得"唯一国家药监局丰胸功效认证"，"实现乳房二次发育"。经核实，该按摩霜并未获得国家药监局丰胸功效认证	1 万
	SK-II	宣称"100% 官方正品"，并可"点击查看授权书"。实际当事人并未取得授权，授权书并无法点击查看	1 万
普通食品冒充保健品	善存沛优蛋白质粉	描述该商品"蓝帽标识：保健食品（食健字）"。经核实，其实际为普通食品	5 万
	养生堂成长快乐牌乳钙混合胶型凝胶糖果 80 粒	描述该商品"蓝帽标识：保健食品（食健字）"。经核实，该商品实际为普通食品	5 万
	汤臣倍健胶原蛋白粉	宣称该商品"蓝帽标识：保健食品（食健字）"，实际该商品为普通食品	1 万
	Q 肌 CTP 胶原蛋白粉	宣称该商品为保健食品，实际该商品为普通食品	1 万
	东阿阿胶桃花姬阿胶糕	宣传为保健食品。根据该商品全国工业产品生产许可证显示，该商品为普通食品	1 万
	绿 A 螺旋藻蛋白粉	描述该商品"蓝帽标识：保健食品（食健字）"。经核实，该商品食品生产许可证编号为 QS311706010209，其实际为普通食品	1 万

续表

虚假宣传内容	涉及商品	表现形式	处罚（元）
普通食品冒充保健品	天胶东阿阿胶糕	描述该商品"蓝帽标识：保健食品（食健字）"。同时，当事人在该商品宣传页面上宣称该商品具有"补血止血、改善睡眠、美容养颜、提高免疫、清肺润燥、滋阴润燥、健脑益智"等功效。经核实，该商品生产许可证编号为 QS371524011349，其实际为普通食品	1万
价格	三星（SAMSUNG）UA40F6420AJXXZ40 英寸3D智能网络液晶电视	宣传称该产品的价格是2199元，实际消费者下单后的购买价格为6699元	1万
	prada 普拉达女士黑色牛皮长款钱包	宣传称该产品的促销价格是299元，实际消费者提交订单后的价格为3699元	1万
	Nike 耐克训练运动足球	网页上宣称"下单再半价"。实际当天下单并未半价	1万
	微星 Z97-G55SLI 主板	宣传促销为699元。经核实，当天该款商品实际售价为749元	1万
	华硕（ASUS）N550JK15.6 英寸笔记本	宣传价格为4199元，同时赠送100元京券。经核实，该款商品实际售价应为7999元	1万
	达芙妮牌产品	宣传"平底凉鞋119元封顶，鱼嘴凉鞋159元封顶"，实际都超过了封顶价格	1万
产地	手表	宣称该商品使用进口机芯，实际无法提供证据证明	2万
	尼康（Nikon）D810 单反机身	宣称该商品的产地为"日本"，实际为"泰国"	1万
	安娜玛特成犬鸡肉配方狗粮	宣传其产地为美国，当事人无法提供该商品的进口材料	1万
	博世 GSR10.8-2-Li 充电式电钻	宣称该商品产地为"中国大陆"，实际该商品的产地为"马来西亚"	1万
	欧力派（OLIPAI）瑞士手表超薄男表自动机械表背透腕表防水男士手表 JT7088	宣传为瑞士手表、瑞士品牌，于1874年始创于瑞士。经核实，该手表为广州精泰钟表有限公司生产，产地为广州，欧力派商标于2002年12月19日在中国注册	1万
最大化语言	YONEX 尤尼克斯羽拍	宣传为"史上最轻羽毛球拍"，实际并无此宣传依据	5万

续表

虚假宣传内容	涉及商品	表现形式	处罚（元）
最大化语言	台电 P98HD 四核 9.7 英寸平板电脑	使用"最强四核视网膜平板""全网销量第一""顶级核心""顶级屏幕""顶级外型""顶级游戏性能""顶级配置"等用语。当事人无法提供该商品全网销量第一的合法依据	2 万
	宝丽婴儿玩具小小鼓王音乐旋转拍拍鼓	宣传是"全网销量第一"，实际当事人不能提供该商品"全网销量第一"的证据	1 万
	秋装优雅开衫纯羊毛毛衫	使用"JNBY 江南布衣全网最低价"的宣传用语，该款商品当天在京东商城的售价为 795 元每件。经查，当天该款商品在其他电商平台曾出现 318 元每件的销售价格	1 万
重量	豆柴天然粮宠物狗粮	宣传称该产品毛重为 120g，实际该产品毛重为 100g	1 万
型号	豪华按摩器颈部腰部按摩靠垫全身多功能按摩枕开背机按摩椅	宣传型号为 BEVAN-999 系列，实际该产品的型号为 BV-369	1 万
假冒外国注册商标	女包编织真皮女士欧美时尚手提包	宣传"意大利 SANDYJACK2014 米兰新品"。经核实，SANDYJACK 商标于 2014 年 7 月 25 日由意大利商标局受理，但并未获准注册	1 万

（2）易迅虚假宣传案件

易迅的 5 件虚假宣传案件中，虚假宣传的全是产品性能，且有 4 件涉及产品为空气净化器。虚假宣传的内容如此集中，令人吃惊。（见表 9）

这表明，易迅在制作商品宣传网页时，对涉及商品性能的表述应加强把关，尤其是对空气净化器这类商品要慎之又慎，防止在产品性能宣传方面触碰法律规定。

（3）亚马逊虚假宣传案件

亚马逊的 5 件虚假宣传案件中，有 3 件是虚假宣传产地，表现在于把中国产地商品虚假宣传为德国、美国，他国；另有 2 件案件涉及证书认定，分别是"中国驰名商标"和"CCTV 推广第一品牌"，前者与事

表 9 易迅虚假宣传案件

涉案商品	表现形式	处罚（元）
海 尔（Haier）KJS-F260Z460/AC 生态空气净化器	宣传"功能一：清除雾霾、PM2.5、杂质"，"功能二：除甲醛、TOVC 等有害气体"。而当事人所提供的上述产品检测报告中气态污染物 CADR（甲醛）检测判定为 N（N 即要求不适用于该产品，或不进行该项实验），检测报告中的数据与当事人在网页上所宣传"除甲醛、TOVC 等有害气体"的内容不符	2 万
三竹超薄浴霸多功能阳光浴和三竹净暖浴霸	宣称"三竹（SUNJOY）SR-13"产品"专利净透层技术，零耗能全天持续净化空气，除臭率73%，抗菌率99%"；宣传"三竹（SUNJOY）SA5-10FW"产品"零耗能 24 小时全天除甲醛，净化空气、理疗、抗菌及除臭功能"。而当事人所提供的上述产品检测报告中只对甲醛、苯、氨、抗菌去除率做了检测及判定，未能提供相关检测报告或证明材料证明上述两个产品"零耗能"，其所宣传的内容无法得到证实	2 万
亚 都（YADU）KJG100G 空气净化器	宣传"净化空气中至 0.3 微米的悬浮粒子，PM2.5 及室内甲醛"，而当事人所提供的上述产品检测报告中只对该产品去除固态污染物性能评估做了检测，并未对室内甲醛做检测判定，检测报告中的数据显然与当事人在网页上所宣传的内容不符。同时该广告宣传"可以增强药效吸收，改善病情""可以促进胎儿成长，提高孕妇免疫力"，当事人在无任何证据材料的情况下对外宣传该空气净化器具有上述功效	2 万
艾美特家用空气净化器	宣传"100% 去除甲醛、苯，PM2.5，油烟，尼古丁"，而当事人提供的报告中，甲醛去除率为 98.9%、苯去除率为 54%、TVOC（即油烟、尼古丁）去除率为 58%，并未能 100% 去除甲醛、苯、油烟、尼古丁	2 万
忆捷（EAGET）超薄高速移动硬盘和中兴小鲜 A8804G 手机	将移动硬盘的"硬盘容量"标注为"1T"，实为500G。将手机的"适用网络制式"标注适用"联通 3G（WCDMA）"网络，与事实情况不符	2 万

实不符，后者不能证实。（见表 10）

这表明，亚马逊在制作商品宣传网页时，要特别加强对商品产地和各种荣誉及法律资质认定的把关。

表 10 亚马逊虚假宣传案件

虚假宣传内容	涉案商品	表现形式	处罚（元）
产地	瑞奇比蒂经典泰迪熊	在页面上标注该商品为"GUND"品牌，且在页面"商品描述"和"包装清单"中宣传"GUND经典泰迪熊"；"品牌简介"中宣传："GUND品牌是具有100多年历史的美国最大绒毛玩具品牌"。消费者在购买后发现该产品品牌为"瑞奇比蒂"，产地为中国	1万
	施德楼364喷墨隐形荧光笔	宣传产地为德国，与商品包装标识显示的产地宣传不一致	1.5万
	iLuv便携式立体式无线蓝牙音箱	宣传是"亚马逊进口直采，美国品牌"，不属实	1万
荣誉认定	天方牌茶叶	宣传天方牌茶叶为中国驰名商标，与事实不符	1万
	行车记录仪	宣传该商品是"CCTV推广第一品牌"，不能证实	1.5万

（4）1号店虚假宣传案件

1号店有3件虚假宣传案件，其中2件涉及性能，1件涉及成分。

据工商机关在行政处罚决定文书中载明，1号店在购进商品后，由公司运营部专员负责商品宣传和网购信息发布，有些直接使用了上游销售商提供的宣传文稿[①]。有的文书载明，1号店有些广告内容由上游销售商策划设计，并提供给1号店进行发布[②]。

这说明，一些上游销售商提供的商品宣传内容就是虚假的。如果电商不仔细核查，为图省事直接引用，虚假信息会一直传递到网购平台，最后在电商网页中反映出来，从而引火烧身。（见表11）

（5）国美在线虚假宣传案件

与易迅类似，国美在线虚假宣传类涉及的商品也是空气净化器，商

---

① 浦市监案处字〔2014〕第150201411273号
② 沪工商检处字〔2015〕第320201510109号

表 11　1 号店虚假宣传案件

虚假宣传内容	涉案商品	表现形式	处罚（元）
性能	森乐牌 QC500-S 型直饮机	在商品介绍中使用的净水流量和总净水量数据远远大于卫生主管部门核准的数据	15 万
	CATTIER 加帝耶无氟矿物泥迷迭香精油健齿牙膏 75ml 法国进口	广告宣传上述牙膏具有抗衰老功能没有任何依据，且当事人自认牙膏不可能做到抗衰老	1 万
成分	富康农场炭烧花生 150g 台湾地区进口	宣传内容为："原料为花生、小麦粉、糯米粉、竹炭粉、白砂糖、食盐"，"竹炭经高科技纳米技术活化，研磨成粉后，将花生一层层包起来，成了黑色的炭烧花生，一粒粒不起眼的黑色花生，吃起来比原味更爽口"，"这种可以吃的竹炭，是选用三年以上的竹子，经过长达 14 天，1400℃以上高温焖烧制成的。"事实上，富康农场炭烧花生的配料包括花生、小麦粉、糯米粉、白砂糖、食盐五种，并不包括竹炭粉	5 万

品名为贝昂 KJF280B 空气净化器。

国美在线虚假宣传案虽然仅 1 件，但涉及产品性能、交易记录和交易评价 3 种行为，而且是电商平台主动参与。如此恶劣案件，在抽样调查的 7 户电商中仅此一件。执法机关对此案处以 16 万元的高额罚款。

内容造假、交易造假、评价造假，已成为阻碍电商行业健康发展的毒瘤，严重侵害消费者的合法权益。在 2015 年 4 月初国务院常务会议上，李克强总理在力挺电子商务等新兴业态的同时，强调对假冒伪劣、欺诈等电子商务发展中暴露出的问题，必须坚决打击。

国美在线此案曝光后，有评论指出，上海国美在线电子商务有限公司作为国内家电零售连锁名企国美电器旗下的购物网站运营商，对其自营的空气净化器进行网络宣传时，篡改检测机构出具的检测报告的重要数据，虚假宣称"无辐射"，且通过虚构交易刷出 2000 多条虚假好评。虽然案发时涉案商品最终实际销售量仅 5 台，但该公司促销宣传数据作假的主观恶性明显，对消费者欺骗性极大，且其行业地位易导致更为恶劣的社会影响及不良导向，对打造诚信和谐社会、放心消费环境危害极大。

办案机关适用《反不正当竞争法》第二十四条第一款实施处罚，符合法律规定，也更为合理。不过，已于2015年9月1日施行的新《广告法》第五十五条，大幅提高了对发布虚假广告行为的法定罚款幅度。像这种利用自家网站发布虚假广告，其广告费用无法计算或者明显偏低的情形，新《广告法》施行后，可根据该法第五十五条处二十万元以上一百万元以下罚款；两年内有三次以上违法行为或者有其他严重情节的，处一百万元以上二百万元以下罚款，还可吊销其营业执照。如此重罚，相信能让包括电商在内的经营者们敬畏法律，诚信经营，从而杜绝虚假宣传误导消费者行为。

国美在线是如何同时虚假宣传产品性能、虚构交易和虚刷好评的？表12叙述了该案的详情，电商和网店当引以为戒。

表 12　国美在线虚假宣传案件

虚假宣传内容	虚假表现	查实事实
产品性能	网页含有"高效率净化，PM2.5/甲醛/细菌净化率达99%；除甲醛率＞99.2%，除PM2.5＞99%；通过循环过程，达到99.9%的净化率；无辐射"等宣传内容以及一张检测报告截图。截图中重点标注了该空气净化器对甲醛的下降率为99.2%，对氨下降率为99.3%，对尼古丁下降率为99.2%，对TVOC下降率为99.3%。	经调查发现，检测报告对几项测试指标进行了篡改，与真实测试数据不符。报告原件实际测试数据为：对甲醛的下降率80.3%，对氨下降率为73.2%，对尼古丁下降率为72.4%，对TVOC下降率为72.9%。其辐射在允许值的2.73%-3.2%范围内，属于比较低的范围，并非无辐射，与当事人在网页上宣传的无辐射不符。

续表

虚假宣传内容	虚假表现	查实事实
虚构交易 虚刷好评	该空气净化器是当事人自营商品，采购自经销商北京赫茨凯尔商贸有限公司。自2014年9月1日上架销售以来，仅售出5台。在该空气净化器的相关宣传网页商品评价栏目中含有以下内容："好评度100%，全部评论（2272），好评（2271），中评（1），差评（0）。"	除5条评论是商品售出后消费者的真实评论外，其余评论均是经销商北京赫茨凯尔商贸有限公司和当事人通过虚构交易的方式刷出来的虚假评论。操作方式是：北京赫茨凯尔商贸有限公司申请注册多个国美在线网站账号，用这些账号下单购买该商品，完成评论后再撤销订单。国美在线实际不发货，也未与经销商进行商品交易的结算。这部分订单是虚构和不存在的。

2. 有奖销售

在互联网时代，信息极大丰富，而人的注意力是有限的。竞争压力之下，有奖销售成了包括电商在内的经营者快速聚人气的有效方法之一。

抽奖活动是有法律规则的，越界则会受到查处。我国《反不正当竞争法》第十三条规定："经营者不得从事下列有奖销售：（一）采用谎称有奖或者故意让内定人员中奖的欺骗方式进行有奖销售；（二）利用有奖销售的手段推销质次价高的商品；（三）抽奖式的有奖销售，最高奖的金额超过五千元。"

根据上述禁则，违法从事有奖销售有3种表现形式：一是谎称有奖或者故意让内定人员中奖，二是推销质次价高商品，三是抽奖式有奖销售最高金额超过5000元。

京东、1号店和国美在线3户电商涉及此案，且都不约而同地集中表现在第三种，即抽奖式有奖销售最高金额超过5000元。

（1）京东违法有奖销售案

从2014年1月到2015年7月，京东发生了3件违法有奖销售案件，分别为"大神送你特斯拉"抽奖活动、"爱他美首发赢iPHONE6"抽奖活动和"呼吸来自济州岛的风，获得济州岛双人游"抽奖活动（这两个抽奖活动被并案作为一个案件查处）、"金秋风暴，厨卫价到，买厨卫赢iphone 6"抽奖活动。

这3件案件，促销商品分别为手机、奶粉和空气净化器及厨卫产品，无规律可循。而对奖品，京东比较青睐苹果iPhone 6手机，在两个违法有奖销售活动中用它作为诱饵。没承想香水有毒。京东选中的这个最时尚、知名度非常高的奖品，身价却超过了5000元法定界线：执法机关根据苹果官网，认定苹果iphone 6手机最低配置16G版为5288元。

觉得5000元太低、不足以吸引消费者怎么办？一些经营者为了绕过这5000元的法定界线，"发明"设置高价值商品抽其"使用权"而非直接抽商品的"规避"方法。京东在一件违法有奖销售案件中，就将奖品设置为一辆价值70多万元的特斯拉电动汽车的"8年使用权"。

然而，"使用权"并非法外桃源。在1999年4月5日《国家工商局关于有奖促销中不正当竞争行为认定问题的答复》（工商公字〔1999〕第79号）中明确："经营者以价格超过5000元的物品的使用权作为奖励的，不论使用该物品的时间长短，均属于不正当有奖销售。"《关于禁止有奖销售活动中不正当竞争行为的若干规定》第四条第二款规定："以非现金的物品或者其他经济利益作奖励的，按照同期市场同类商品或者服务的正常价格折算其金额。"

据此，北京市工商局开发区分局依据特斯拉官网显示该特斯拉汽车价格为73.4万元，认定京东提供的奖品金额超过5000元，对京东进行处罚。

为何经营者想方设法设定高价格的奖品？看看销售额就知道了。以京东开展的"大神送你特斯拉"抽奖活动为例，借助特斯拉"8年使用权"的促销效应，从2014年3月11日活动开始至2014年8月22日案发，短短5个月时间里，京东共销售了酷派大神系列手机73万余部，销售额达7.0488亿元。

这还只是该活动预定的一半时间。在 5 个月时间里，京东销售了酷派大神系列手机共 73 万余部。如以一人购一部手机推算，约有 73 万名消费者为那辆 70 多万元的特斯拉电动汽车而疯狂。如不是被查处，按照巨奖带来的销售势头，可以推算到活动结束时，会有 140 余万名消费

表 13　京东违法有奖销售案件

活动 项目	大神送你特斯拉	爱他美首发赢 iPhone6	呼吸来自济州岛的风， 获得济州岛双人游	金秋风暴， 厨卫价到， 买厨卫赢 iPhone6
活动内容	活动期间在当事人处购买酷派大神系列产品（不含配件），且订单为已完成状态，均可参与抽奖。活动奖品由酷派厂家与汽车供应商联系，但因该活动还没有结束，活动奖品还未购买。	消费者在当事人的网站上购买其自营爱他美品牌奶粉后均有机会参与抽奖，共计抽取 5 名消费者为中奖用户。当事人承认上述奖品由该活动的供应商提供。	消费者在京东网站上购买任意一款其自营的 LG 空气净化器产品后具有抽奖的权利，国庆期间下单用户可于 10 月 9 日参与砸金蛋抽奖，其余时间下单用户可于下单后第一个工作日抽取，共计抽取 5 名消费者为中奖用户。	活动期间在当事人处购买厨卫自营产品的消费者具有抽奖权利。
最高奖品	特斯拉 2014 款 MODEL S 85 电动汽车一辆（8 年使用权）。特斯拉官网显示，价格为 734000 元，当事人提供的活动奖品金额超过 5000 元。	苹果 iPhone6 手机一部	价值 6000 元的济州岛双人游	苹果 iPhone6 手机一部。根据苹果官网显示，苹果 iphone6 手机最低配置 16G 版 5288 元。
活动结果（至案发）	共销售 38874 台大神、571891 台大神 F1 移动版手机、123313 台大神 F1 联通版手机、3033 台大神 NOTE，四款手机销售额共计 7.0488 亿元。	162 名消费者参与，销售金额共计 67440 元人民币。	2 名消费者参与，销售金额共计 7998 元人民币	25 名消费者参与，销售金额共计 32063 元。
罚款	10 万元	10 万元 （并案处理）		10 万元

者卷入其中。

由此可见，不合法的高额有奖销售活动，将引发多少人的不理性消费，给社会带来多大的危害！

（2）1号店违法有奖销售案

这也是电商爱拿苹果 iPhone 6 手机当抽奖奖品的例子。2015 年 4 月 19 日，纽海电子商务（上海）有限公司在其经营的 1 号店手机客户端上开展了"419 掌上疯摇节"的促销活动。在该促销活动的宣传页面上，有"爆款揭秘 摇一摇 摇 0 元 整点开摇，15 分钟内摇出免费大奖 0 元商品 100% 摇出"等内容，且在页面中以图片的形式对外展示了奖品的信息，其中有"iPhone 6 16G 0 元 ￥5288"的表述。

上述广告内容是由 1 号店自行设计制作并对外发布的。该促销活动采用了抽奖式的有奖销售且最高奖的金额超过了 5000 元。上海市工商局自由贸易试验区分局认定属于从事巨额抽奖式有奖销售的不正当竞争行为，决定责令 1 号店改正违法行为，并罚款 4 万元。

（3）国美在线违法有奖销售案

在前述中，京东抛出一辆价值 73 万余元特拉斯"8 年使用权"的诱饵，就使 73 万名消费者卷入，半年时间 4 款手机销售额过 7 亿元。但京东比起国美在线，还是显得"低调"——国美在线在一件违法有奖销售案中，宣传的最高奖金设定在了 1500 万元！

2014 年 12 月 31 日，国美在线开展"充值话费送彩票赢 1500 万大奖"活动，宣称：消费者在国美在线网站上进行话费充值，可以获得福利彩票一张，并有机会赢取 1500 万元的大奖。至案发，共有 200 名消费者参与了上述充值活动并获得了彩票。

虽然国美在线提供的是福利彩票，获奖概率极低，但工商机关认为，此案中的最高奖奖品的金额大于国家规定 5000 元的额度，且国美在线在网站上大幅宣传可以赢取 1500 万元大奖，目的是为了吸引更多的消费者到国美在线网站进行话费充值，从而提高话费充值业务量。据此，工商机关对国美在线进行了查处，罚款 1 万元。

不正当竞争案件处罚结果

1. 对虚假宣传违法行为的处罚

《反不正当竞争法》第二十四条规定：经营者利用广告或者其他方法，对商品作引人误解的虚假宣传的，监督检查部门应当责令停止违法行为，消除影响，可以根据情节处以一万元以上二十万元以下的罚款。该条法文赋予工商机关对虚假宣传案件处罚 1 万元到 20 万元的自由裁量权。

表 14　电商虚假宣传案件处罚结果

项目 电商	虚假宣传内容	案件数量	处罚结果	处罚机关
京东	优惠活动	30	1 万元、2 万元	北京市工商局开发区分局
	性能	25	1 万元、5 万元	
	成分	22	1 万元、2 万元、2.5 万元、5 万元	
	荣誉认证	10	1 万元、2 万元、2.5 万元、5 万元	
	普通食品冒充保健品	7	1 万元、5 万元	
	价格	6	1 万元	
	产地	5	1 万元、2 万元	
	最大化语言	4	1 万元、2 万元、5 万元	
	重量	1	1 万元	
	型号	1	1 万元	
	虚称外国注册商标	1	1 万元	
亚马逊	产地	3	1 万元、1.5 万元	北京市工商局朝阳分局
	荣誉认证	2	1 万元、1.5 万元	

续表

项目　电商	虚假宣传内容	案件数量	处罚结果	处罚机关
1号店	成分	1	5万元	上海市浦东新区市场监管局
	性能	1	15万元（重犯）	
		1	1万元	上海市工商局检查总队
易迅	性能	5	2万元	上海市宝山区市场监管局
国美在线	性能、交易、评价	1	16万元	上海市嘉定区市场监管局

从罚款额度看，实践中，工商机关对电商虚假宣传案，绝大多数采取了最低的处罚幅度1万元，这类案件数约占到73%。其他罚款额度的分布比例分别为：2万元的案件占13%，5万元的占8%，1.5万元和2.5万元的各约占2%。而15万元和16万元的各只有一件，占比很低。

表15　电商虚假宣传案件处罚额度占比

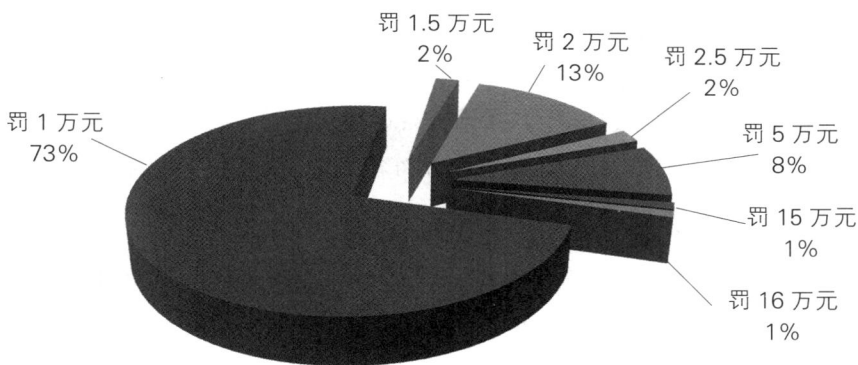

从性质看，11种虚假宣传案件都有1万元的罚款。在荣誉认证、产地方面，出现了1.5万元的罚款。在优惠活动、成分、荣誉认证、产地、绝对化用语、性能等内容的虚假宣传案件中，有的被处罚2万元。在成分、荣誉认证方面，有的被处罚2.5万元。在性能、成分、荣誉认证、普通食品冒充保健品、绝对化用语方面，有5万元的处罚。最大额度的一起是罚款16万元，发生在国美在线的对性能、交易、评价三方面进行虚假宣传案中。

从办案机关看，5个工商机关都体现了自由裁量权。其中，北京市工商局开发区分局运用自由裁量权的幅度最大，分1万元、2万元、2.5万元、5万元这四档。北京市工商局朝阳分局自由裁量权体现在1万元和1.5万元这两档。上海市工商局宝山分局对易迅5件虚假宣传案件每件均罚款2万元，而上海市工商局嘉定分局对国美在线的虚假宣传案件罚款16万元。

需要提醒的是，在上海的电商，即1号店、国美在线和易迅，或者其他网店，还必须注意《上海市反不正当竞争条例》的一项特别规定。

该条例第二十七条规定：经营者违反本条例规定的，由监督检查部门依照下列规定予以处罚：……（七）违反本条例第十四条第一款规定的，责令停止违法行为，消除影响，可以处以一万元以上不满十万元的罚款；情节严重的，处以十万元以上二十万元以下的罚款。违反本条例第十四条第三款规定的，依照《中华人民共和国广告法》的规定予以处罚。第二十八条规定：本条例所称情节严重是指下列之一的情形：……（二）因不正当竞争行为受行政处罚未满一年又从事不正当竞争行为的……

这表明，在上海，电商如在一年内再次发生不正当竞争行为，罚款起点就不是1万而是10万元了，处罚幅度是从10万元到20万元。

1号店就有这样的惨痛教训。2014年10月23日，上海市浦东新区市场监督管理局对1号店纽海信息技术（上海）有限公司虚假宣传富康农场炭烧花生的成分一案，罚款5万元。2015年6月16日，上海市工商局检查总队对其虚假宣传CATTIE加帝耶无氟矿物泥迷迭香精油健齿牙膏的功能一案，罚款 1 万元。至此，在 8 个月内，1 号店两次因不正当竞争行为而被处罚。

2015 年 7 月 23 日，上海市浦东新区市场监督管理局处罚 1 号店虚假宣传森乐牌 QC500-S 型直饮机的性能一案，而这离该局 2014 年 10 月 23 日因 1 号店不正当竞争进行处罚只有 10 个月，不到一年时间。据此，上海市浦东新区市场监督管理局认定 1 号店"因虚假宣传受行政处罚未满一年又从事虚假宣传的不正当竞争行为"，对其适用了上述《上海市反不正当竞争条例》第二十七条第一款第（七）项的规定，重罚 15 万元。

实际上，这已是 1 号店在一年内第三次因不正当竞争行为被处罚。

当然，执法机关的处罚只是手段，根本目的在于警示企业重视合规。

2. 对违法有奖销售行为的处罚

针对有奖销售违法行为的处罚，《反不正当竞争法》第二十六条规定：监督检查部门应当责令停止违法行为，可以根据情节处以一万元以上十万元以下的罚款。

1 万到 10 万元，这是法律赋予工商机关对有奖销售违法行为实施处罚的权限范围。

在具体案件中，各地工商局对有奖销售违法行为的处罚差异很大。北京市工商局开发区分局对京东的 3 件有奖销售违法案件，都处以 10 万元的罚款。上海市工商局自由贸易试验区分局对 1 号店罚款 4 万元。上海市嘉定区市场监管局对国美在线处以 1 万元的罚款。

这说明，各地工商机关都充分适用了自由裁量权，使京东、国美在线分别受到最高、最低限额的处罚，而 1 号店受到了差不多是中限的处罚。其中自由裁量的依据，应与京东、国美在线以及 1 号店在网络购物市场中的地位、违法有奖销售的经营额、违法次数等方面的差异有着极其密切的关系。

第三章　电商食品药品广告案件分析

　　我们把时针拨回到 2013 年 12 月 23 日。当天，中共中央召开农村工作会议，中共中央总书记习近平发表重要讲话，国务院总理李克强作出具体部署。会议强调，要用最严谨的标准、最严格的监管、最严厉的处罚、最严肃的问责，确保广大人民群众"舌尖上的安全"。

　　民以食为天，食以安为先。食品安全是关系 13 亿国人的身体健康和生命安全的头等大事，是最大也是最敏感的民生。然而，我国食品安全的问题沉疴已久，尤其是近年来频发的食品安全事件，不仅考验着生产、销售假冒伪劣食品的企业和个人，更拷问着政府食品安全监管工作。中央提出的"四个最"，是包括工商机关在内的政府部门食品安全监管的最高指导原则。

　　在我国，食品主要由专业的食品药品监管部门负责。工商机关查办食品市场违法案件，主要执行一些综合性的法律，其中运用得较多的是《食品广告发布暂行规定》，因此工商机关查办的食品市场案件，也多为食品广告违法案件。

　　纵观电商所有广告违法行为，其中最多、最复杂的当数食品广告。前面叙述过，1 号店的行政处罚决定书之所以份数不多，是因为 1 号店大量的食品广告违法行为，被上海市工商局自由贸易试验区分局合并在一份处罚决定书中"打包"处罚。如果该分局像其他地方工商机关那样将一个食品广告违法行为按一件案件来计算，那么，1号店的违法案件数将大大增加，电商食品广告违法案件的数量会超过不正当竞争案件，跃居电商违法案件的首位。

另外，由于药品广告、医疗器械违法案件与食品广告违法案件有一定相似之处，加上电商的这类违法案件较少，因此，本章将这3类广告违法案件合并在一起分析研究。

食品广告违法案件涉案电商

中国的食品市场，大到难以想象；中国的食品种类，多到难以想象。

如今，几乎所有电商都已涉足抢分食品市场这块诱人的大蛋糕。无论是以电脑配件起家的京东，还是曾靠电器连锁经营独步天下的国美，还是曾以卖书为主业的亚马逊和当当，一旦条件成熟，他们都把各式各样的食品搬上了自家的网络货架售卖。

卖东西得靠吆喝，有吆喝就有广告。7户电商中，发生过食品广告违法案件的电商有5户，分别是位于北京的京东、亚马逊、当当和位于上海的1号店、国美在线。

表16 电商食品广告违法案件数量分布

（单位：件）

项目 \ 电商	京东	国美在线	亚马逊	当当	1号店	合计
食品广告违法案件	62	8	2	2	2	76
电商案件总数	234	14	14	3	13	292
占比	26%	57%	14%	67%	15%	25%

5 户涉案电商共有 76 件案件。当当网尽管案件总数不多，但其食品广告违法案件在自身案件中的占比最高，达到 67%。国美在线紧随其后，食品广告违法案件超过了 57%。京东的食品广告违法案件总数不少，但在其自身案件中占到 26%，差不多四分之一。

有意思的是，亚马逊与当当一样，都以卖书为主营业务，但二者在食品广告违法方面的比例差别很大：亚马逊的食品广告违法案件只占自身案件数的 14%，而当当占到了 67%。

易迅和苏宁易购在样本抽查期没有食品广告违法案件记录。

食品广告违法案件性质

1996 年 12 月 30 日，国家工商局根据《中华人民共和国广告法》《中华人民共和国食品卫生法》等国家有关广告监督管理和食品卫生管理的法律、法规，发布规范性文件《食品广告发布暂行规定》，并于 1998 年 12 月 3 日修订。

《食品广告发布暂行规定》从第六条到第十四条共禁止 9 类违法食品广告。从实际案件看，电商行业的 76 件食品广告违法案件，其性质主要有 4 种，分布在第七条、第九条、第十条和第十三条上，尤以违反第十三条的居多，有 47 件，占比达 64%。同时交叉违反第七条和第十三条的案件数量次之。

食品广告违法表现形式

根据表 17，电商食品违法广告案件，从多到少主要是违反了《食品广告发布暂行规定》第十三条、第七条和第十条。其表现形式，从多到少依次为宣传保健功能、宣扬治疗作用和扩大批准范围。

前面已经表述过，尽管 1 号店只有 2 份食品广告违法案件行政处罚

表 17　电商食品广告违法行为类型分布

法条\项目	《食品广告发布暂行规定》第七条	《食品广告发布暂行规定》第九条	《食品广告发布暂行规定》第十条	《食品广告发布暂行规定》第十三条	第七条及第十三条
法条内容	不得出现与药品相混淆的用语，不得直接或者间接地宣传治疗作用，也不得借助宣传某些成分的作用明示或者暗示该食品的治疗作用	食品广告中不得使用医疗机构、医生的名义或者形象。食品广告中涉及特定功效的，不得利用专家、消费者的名义或者形象做证明	保健食品的广告内容应当以国务院卫生行政部门批准的说明书和标签为准，不得任意扩大范围	普通食品、新资源食品、特殊营养食品广告不得宣传保健功能，也不得借助宣传某些成分的作用明示或者暗示其保健作用	
京东	2		9	42	9
国美在线	7			1	
亚马逊				2	
当当				2	
1号店		1		2	6
合　计	9	1	9	49	15

书，但文书中记录的食品广告违法行为却不少。我们在下面的叙述中，将1号店的数十起食品广告违法行为从文书中剥离开来，进行列表分析。

1. 违法宣传保健功能

《食品广告发布暂行规定》第十三条规定：普通食品、新资源食品、特殊营养食品广告不得宣传保健功能，也不得借助宣传某些成分的作用明示或者暗示其保健作用。

该禁则针对普通食品、新资源食品、特殊营养食品广告，强调两点：一是不得宣传保健功能，二是不得借助宣传某些成分的作用明示或者暗示其保健作用。

这条规定正是电商最易违反、也是违反最多的食品广告禁则。其中，普通食品广告直接宣传其具有保健功能的案件占了绝大多数。

（1）京东违法宣传食品保健功能案件

分析京东 42 件违法宣传食品保健功能案件发现，其中有 27 件为普通食品直接宣传保健功能，有 15 件属于借助某些成分明示或暗示保健作用。

涉案食品中，没有初级农副食品，基本上都是加工过的胶囊、蛋白粉、片剂、奶粉之类。在这些涉案食品中，不乏一些知名公司生产的食品，如东阿阿胶牌桃花姬阿胶糕、中国劲酒公司劲牌玛卡、安利蛋白粉纽崔莱儿童蛋白质粉 940G 草莓味蛋白质粉、汤臣倍健苹果醋片、江中集团猴头菇酥性饼干猴菇饼干、FANCL 无添加胶原蛋白饮料口服液等。

概括起来，京东在这些案件中所谓的"保健功能"主要有 7 个方面，这些方面也几乎囊括了所有电商违法宣传的食品的保健功能。

一是性功能。这是最多的一种。如"中国劲酒公司劲牌玛卡"在页面上，宣称具有"改善内分泌问题""增加精子数量，提升精子活力""缓解疲劳，恢复性感觉""活跃大脑，增进脑活动"等功效。在"火山型补肾壮阳套餐　奥纳乐享宝 1 瓶男源素 2 瓶（美国原装进口）"的页面上，宣称该产品具有解决"性疲劳、阳痿、早泄、射精乏力"等问题的保健作用。

二是减肥。如"泰尔超级 P57　纯天然绿色原料减肥药"的网页上，宣称"排毒素添气色""调节食欲减少摄入""迅速燃烧脂肪""服用 1-3 天：润滑肠道，分解肠道毒素""服用 3-7 天：食欲降低，脂肪燃烧""服用 7-15 天：调整肠道益生菌，新陈代谢加快，脂肪分解加速"等。

三是丰胸。如"奥纳木瓜酵素提取物复合营养胶囊"在页面上，宣称其成分"木瓜提取物"具有"丰胸美乳、美容养颜"等功效。

四是大脑发育。如"东阿阿胶牌桃花姬阿胶糕"的页面上，宣称该产品的主要成分具有"补血、补气、促进孩子大脑发育、美容养颜"等保健作用。"纯天然野生核桃油"宣称该核桃油具有"增强免疫力，延缓衰老""调节人体胆固醇"、"润肠通便，改善睡眠"、"补脑、促进大脑及神经系统发育，促进视网膜发育"等功效。

五是肠道功能。如"澳优原装进口奶粉能力多 4 段 1 岁以上 800 克"的页面上，使用了"提高免疫力 维护肠道健康 促进消化 提高食欲 改善睡眠""有助改善宝宝肠道健康，提升免疫力，预防感染性疾病"内容的文字表述。

六是降低胆固醇。如"迦美特级纯天然精选黄金牛蒡茶 200g/ 袋"宣称其具有"降低胆固醇，促进心脏健康……"之功效。

七是抗肿瘤防癌。如"日本进口 NSSK 纳豆激酶浓缩精华营养胶囊 300×31 粒"宣传网页中，使用"日本 NSSK 纳豆激酶降血脂溶血栓""黑醋醪醴改善造血功能""大豆卵磷脂降血脂乳化胆固醇""纳豆的其他功效：抗肿瘤、抗氧化、防止骨质疏松和促凝血、抗菌消毒、提高蛋白质的消化率"等保健功能的文字表述。

表 18 详细列出了京东违法宣传食品保健功能案件所涉及的食品名称及其违法表现形式。建议京东和其他电商及网店不妨对照表 18，展开自查整改。

表 18 京东食品广告违法宣传保健功能表现形式

经核实为普通食品	违法宣传保健功能	罚款（元）
泰尔超级 P57 减肥瘦身非左旋肉碱 纯天然绿色原料减肥药	"排毒素添气色""调节食欲减少摄入""迅速燃烧脂肪""服用 1-3 天：润滑肠道，分解肠道毒素""服用 3-7 天：食欲降低，脂肪燃烧""服用 7-15 天：调整肠道益生菌，新陈代谢加快，脂肪分解加速"	5000
香荷美腿茶、Aurinda 澳琳达袋鼠精胶囊	"减肥""补肾健体强身"等功效	5000

续表

经核实为普通食品	违法宣传保健功能	罚款（元）
爱司盟东革阿里胶囊、安美奇东革阿里胶囊、马来西亚东革阿里咖啡、ACE东革阿里胶囊、柏立特东革阿里复合胶囊、柏立特进口东革阿里复合胶囊、柏立特东革阿里复合胶囊、柏立特东革阿里复合胶囊、吉顺号野生东革阿里小片原根原片及吉顺号野生东革阿里中片原根原片	具有"增强免疫力""提高性能力""缓解消除疲劳""补肾壮阳""治疗前列腺炎""抗疟疾癌症"等功效	10000
雅力斯本草福音茶	宣传具有"降血脂血压""降低血糖"等功效	5000
捷克进口萨奇减肥苦水苦味矿泉苦水 1L×3 清肠排毒无副作用	宣称其具有"减肥清肠排毒无副作用""有效调理预防便秘、失眠、动脉硬化、肠胃病、高血压、糖尿病等疾病"等功效	5000
康比特 乳清蛋白质粉 750克/g 健身蛋白粉 增肌粉 增重	宣称其具有"促进肌肉生长""延缓肌肉疲劳""调节体脂比""增强免疫力"等功效	5000
永安康健玛咖参片	宣称该产品的具有解决"性欲低、易疲劳、失眠多梦、体质虚弱"等问题的保健作用	5000
蔓秀莱施袋鼠精胶囊	宣称该产品"成分作用：补肾壮阳，益气强精，改善肾疲劳"	5000
康加力玛咖片	宣称该产品具有"补肾缓解疲劳"等保健作用	5000
玛咖压片糖果	宣称玛咖具有"补肾壮阳""调节荷尔蒙、提高生理机能""增强体力、提升活力""抗击疲劳、恢复精力""加强运动力和耐力"及"延缓衰老、抗击氧化"的功效	5000
东阿阿胶牌桃花姬阿胶糕	宣称该产品的主要成分具有"补血、补气、促进孩子大脑发育、美容养颜"等保健作用	5000
火山型补肾壮阳套餐 奥纳乐享宝1瓶男源素2瓶（美国原装进口）	宣称该产品具有解决"性疲劳、阳痿、早泄、射精之力"等问题的保健作用	5000

续表

经核实为普通食品	违法宣传保健功能	罚款（元）
澳优原装进口奶粉能力多4段1岁以上800克	使用"提高免疫力、维护肠道健康、促进消化 提高食欲、改善睡眠""有助改善宝宝肠道健康、提升免疫力、预防感染性疾病"内容的文字表述	5000
古阿镇中华老字号阿胶原味阿胶粉速溶阿胶纯粉220g山东东阿特产	宣称其具有"美容、气血双补、改善女性痛经"、"增强机体记忆力和提高识别能力"、"止虚汗"等功效	5000
健美生（jamieson）维生素C营养片 天然vc橙味咀嚼片	宣称其具有"美白淡斑、抗衰老、预防感冒、促进伤口愈合"等功效	5000
雪鼎MACA玛卡片700mg×6 男士装	宣称玛卡具有"缓解疲劳、改善自体荷尔蒙平衡、改善睡眠质量、增强体力运动能力"等功效	5000
金诃 番茄红素片	宣称该核桃油具有"预防前列腺疾病""延缓衰老""呵护心脑血管""抗癌"等功效	5000
中国劲酒公司劲牌玛卡	宣称具有"改善内分泌问题"、"增加精子数量，提升精子活力"、"缓解疲劳，恢复性感觉"、"活跃大脑，增进脑活动"等功效	5000
奥纳木瓜酵素提取物复合营养胶囊	宣称其成分"木瓜提取物"具有"丰胸美乳、美容养颜"等功效	5000
纯天然野生核桃油	宣称该核桃油具有"增强免疫力，延缓衰老""调节人体胆固醇"、"润肠通便，改善睡眠"、"补脑、促进大脑及神经系统发育，促进视网膜发育"等功效	5000
俏美人牌苦瓜绿茶	宣传该商品具有"减肥瘦身"等功效	5000
艾佳人牌生化汤	宣传该产品具有生新血、祛瘀血、排恶露等功效	5000
斯旺森红酒精华营养胶囊、斯旺森大豆酵素营养胶囊、斯旺森花椰菜提取物营养胶囊	宣称该胶囊含有白藜芦醇，白藜芦醇具有抗癌保护心血管功效；含有纳豆激酶，纳豆激酶具有清理血管功效；含有a硫辛酸，硫辛酸具有调节血糖功效	5000

续表

经核实为普通食品	违法宣传保健功能	罚款（元）
美康利健硒金牡蛎 0.5g×30 片 / 瓶	宣称其具有"女人可以缓解痛经、滋容美颜"、"男人可以提高性能力，促进血液循环，固肾生精"、"提高性能力、提高睡眠质量"等功效	5000
"绿瘦荷叶茶纯天然袋泡茶 40 小包"	宣称其具有"喝一周，清脂排油"、"喝两周，分解脂肪"等功效	5000
泰尔减肥产品超级 P57 非 左旋肉碱瘦身产品 无禁药 60 片	宣称其具有"减肥、瘦身"功效	5000
迦美特级纯天然精选黄金牛蒡茶 200g/ 袋	宣称其具有"降低胆固醇，促进心脏健康，而且帮助通便、排泄，快速消除并预防体内堆积的有害代谢物，因此对排毒、通便、降脂、减肥十分有效"、"牛蒡茶所含营养成分有助维持人体平衡、调节人体功能、对防癌起着重要作用"等功效	5000
华色酒香极尊 42 度 500ml 新鲜虫草养生酒	宣传网页中，有保健功效的文字表述："具备虫草孢子粉的鲜活虫草，清肺、补肾效果甚佳"	5000
君宝康牌乳钙复合油儿童钙液体胶囊	宣传网页中使用"产品特性：蕴含丰富钙元素有助于骨骼发育、DHA 有助脑部发育"内容的文字表述	5000
日本进口 NSSK 纳豆激酶浓缩精华营养胶囊 300×31 粒	宣传网页中使用"日本 NSSK 纳豆激酶降血脂溶血栓"、"黑醋醪醴改善造血功能"、"大豆卵磷脂降血脂乳化胆固醇"、"纳豆的其他功效：抗肿瘤、抗氧化、防止骨质疏松和促凝血、抗菌消毒、提高蛋白质的消化率"保健功能的文字表述	5000
永安康健玛咖片	宣称玛咖具有"改善睡眠，对抗疲劳，增强精力体力"、"降血脂"、"抗病毒，提高体抗力"、"具有抗贫血作用"、"补肾强身"等功效。经核实，该商品含有玛咖粉成分	5000

续表

经核实为普通食品	违法宣传保健功能	罚款（元）
金蓝鲨安忻乳清蛋白质粉 400g	宣传网页中，有保健功效的文字表述："每天补充蛋白质，远离疾病保健康"、"增强免疫：增加体内蛋白质水平，促进新细胞生成，提高人体免疫力；同时维持体液酸碱平衡，消除疲劳，增强体质"、"病后恢复：可使新生细胞速度加快，可修复组织，有效改善孕妇产后妊娠纹，手术后疤痕"、"调节胃肠功能：促进胃黏膜和十二指肠黏膜再生并修复胃肠黏膜，促进溃疡愈合"、"调节内分泌：构成体内许多有重要生理作用的激素，改善营养不良引起的内分泌失调"、"预防贫血：增加体内血红蛋白，预防及改善贫血"、"强健骨骼：促进钙质与骨细胞结合，提高骨密度，防止骨质疏松症、骨质增生、保持关节、软骨组织健康；保持骨骼的韧性、人体运动的协调性"、"协助减肥：促进脂肪分解，抑制饥饿感；构成体内许多酶，促进食物能量转化，消耗脂肪；合成足够的白蛋白来维持细胞的渗透力，预防水肿"、"保心护脑：调节血压血脂，修复胰岛，促进胰岛的分泌，预防心脑血管疾病"	5000
金龙鱼海洋鱼油调和油 700ml	宣传网页中，有保健功效的文字表述："DHA：有助于儿童智力发育，改善老年痴呆"、"EPA：EPA即二十碳五烯酸具有帮助降低胆固醇和甘油三脂的含量，促进体内饱和脂肪酸代谢。防止脂肪在血管壁的沉积，预防动脉粥样硬化的形成和发展、预防脑血栓、脑溢血、高血压等心血管疾病"、"EPA被证实能促进循环系统的健康和防止胆固醇和脂肪在动脉壁上积聚，补充鱼油也能使糖尿病患者减低高血压"	5000
安利蛋白粉纽崔莱儿童蛋白质粉 940g 草莓味蛋白质粉	宣传网页中，有保健功效的文字表述：该商品每份含有 170mg 钙，钙"促进孩子成长期间骨骼、牙齿的生长，并有助于孩子长高"；该商品每份含有 10.0g 蛋白质，"蛋白质对于儿的生长发育起着至关重要的作用，以每十克体重计算，儿童在生长期所需要的蛋白质甚至高于成年人，因为人不能储存过多的蛋白质，所有发育周期的儿童每天补充蛋白质显得尤为重要"，"缺少蛋白质的表现：成长发育迟缓、体型异常矮小，易感染而继发疾病，牙齿发育不好，生长智力发育迟缓"；"每天喝安利纽崔莱一小勺，能从内而外改变生长智力发育，牙齿发育，骨骼发育，免疫系统"	5000

续表

经核实为普通食品	违法宣传保健功能	罚款（元）
松古树美玛卡片 0.5g×40 片	宣传网页中，有保健功效的文字表述："抗疲劳"、"增加精子质量"、"补充体力"、"改善阳痿早泄"、"提高睡眠"、"抗更年期"、"活跃生育"、"增强记忆"	5000
汤臣倍健苹果醋片 1.5g×60 片	宣传网页中，有保健功效的文字表述："调节体重 消除脂肪"、"适应人群：需要控制体重，消除多余脂肪、维持优美体态的女性；需美白皮肤，保持皮肤光滑滋润的女性"、"每天喝苹果醋的人，会有很好的降脂效果"、"苹果醋的酸性成分具有杀菌功效，能清洗肠胃，有助排除血管及器官的毒素；果胶能帮助排泄"	5000
江中集团猴头菇酥性饼干猴菇饼干	宣传网页中，有保健功效的文字表述："猴头菇性平味甘，利五脏，易胃肠，助消化"、"猴头菇的氨基酸和多糖成分对胃黏膜上皮的再生和修复起重要作用"	5000
FANC 无添加胶原蛋白饮料口服液美白抗衰老逆转肌肤年龄 50ml×30 瓶新版	宣传该产品具有"美白抗衰老 逆转肌肤年龄"等功效	5000
奥纳大豆异黄酮胶囊 60 粒（美国原装进口）正品补充天然雌激素	宣传具有"延缓衰老"等功效	5000
新西兰原装进口生命阳光纯牛初乳粉	"调节肠胃效果更好""牛初乳具有良好的增进、调节免疫功能和促进生长发育的作用""牛初乳可降低婴幼儿腹泻发病频率，有效缩短婴幼儿腹泻时间""牛初乳可降低婴幼儿呼吸道感染的发病率，有效缩短婴幼儿呼吸道感染时间""病后和术后恢复：可以抗炎、抗感染，具有促进细胞正常生长、组织修复和外伤痊愈等作用""备孕、孕期及哺乳期妈妈：增强孕期抵抗力""青少年、白领、亚健康人士：准亚健康人士需要加强免疫力，增强体质，从而改善慢性疲劳，促进人体新陈代谢""中老年人：延缓身体器官功能衰退，避免疾病缠身"	5000
爱之美自然美酵素粉 100g/ 瓶	网页中有保健功效的文字表述："瘦身减肥""清肠清宿便""排毒养颜减肥"	5000

续表

经核实为普通食品	违法宣传保健功能	罚款（元）
【京东自营】昂立纯正复合蜂王浆液 500 克×2 瓶	宣称具有"调节各种神经系统功能""促进血液循环""促进肝细胞再生，增强肝脏解毒功能""抑制多种病菌""调节内分泌""协调胃肠功能""调节人体代谢""提高机体免疫力"等功效	5000

（2）1 号店食品广告违法宣传保健功能

1 号店的食品广告违法案件宣传保健功能，都没有提及食品的成分，因而都不属"借助宣传某些成分的作用明示或者暗示其保健作用"，应为普通食品宣传保健功能。

涉案食品所谓的保健功能，无非是增强免疫力、减肥瘦身、补肾健脑补中益气、抵抗疲劳、提高性能力、排毒清肠、防辐射、健脑益智、缓解体力疲劳等。经工商机关核实，这些食品均为普通食品。

表 19　1 号店食品广告违法宣传保健功能表现形式

经核实为普通食品	违法宣传保健功能	处罚（元）
普丽普莱辅 Q10 营养软胶囊 240 粒、普丽普莱玛咖胶囊 60 粒	广告中宣传是"美国原装进口保健品"	5000
百菲酪水牛奶	"增强免疫力"	5000
"酵父"果蔬酵素粉	"酵父 JF 小线条果蔬酵素粉、减肥瘦身""2 味名贵减脂草本，减肥更靠谱！"	5000
零趣"老上海"年货礼盒	"咖啡玉米粒 50g 咖啡香醇 甘香回味 富含维生素，防止细胞氧化""碧根果 100g 口齿留香 薄皮易剥 经常食用有益于补肾健脑补中益气"	10000
七咔拉玛卡黑玛卡	"还意外发现 MACA 可以增加体力，增强耐力以及抵抗疲劳的力量，同时又可以增强人类以及动物的性能力和生育能力"	10000
纤体梅青梅	排毒清肠　润肠通便	10000

续表

经核实为普通食品	违法宣传保健功能	处罚（元）
"好想你"阿胶味枣	"阿胶味枣为女性养颜美容之佳品，是一种老、幼皆宜的保健食品。长期食用阿胶枣具有益气养肾、滋补养颜、补血补精、利于消化之功效，适宜体质虚弱、缺血、贫血及免疫力差的人群"	10000
满妃阿胶糕	"【功效】：补气养血、美容养颜、改善睡眠、调经、保胎安胎、提高免疫力、抗疲劳、防辐射等综合保健功效，是老少皆宜的具有复合保健价值的补品""【功效】：专为女性设计！补气补血、调经、美白祛斑、消除皱纹、滋养皮肤、改善气色，使身材苗条、胸部丰满、皮肤水嫩、小腹紧致、腿部光滑"	10000
朗熙鱼油	"鱼油，深海鱼油，健脑益智，改善视力"	10000
泰尔超级 P57	"减肥、调节肠道菌群，让人体细胞更趋于合理化，彻底改变肥胖体质"	5000
"生命开关"木氏玛卡片	"缓解体力疲劳"	5000
长山头 新疆新鲜特级野生罗布麻茶	"安神助眠、降脂、软化血管、提高免疫、抗炎定痛""饮用西爵罗布麻茶10天：睡眠逐步改善，便秘症状逐步改善。饮用西爵罗布麻茶半年：感冒少，免疫力全面提高"	5000

（3）亚马逊、当当、国美在线食品广告违法宣传保健功能

亚马逊、当当、国美在线的食品广告违法案件宣传保健功能，也都没有提及食品的成分，因而都不属"借助宣传某些成分的作用明示或者暗示其保健作用"，应为普通食品宣传保健功能。

表20　亚马逊、当当、国美在线食品广告违法宣传保健功能表现形式

涉案电商	经核实为普通食品	违法宣传保健功能	处罚（元）
当当	延世牛奶	"提高视力、预防近视眼；有效抗氧化、美容护肤；延缓衰老、保证安稳睡眠；缓解视疲劳、抵抗辐射；保持充沛精力、远离疾病。"	5000
	福牌即食阿胶糕	页面上有"补气补血、美容养颜、滋阴润燥、提高免疫力"等宣传保健功能的文字表述	5000

续表

涉案电商	经核实为普通食品	违法宣传保健功能	处罚（元）
国美在线	大汉酵素	网页含有"排毒养颜、改善体质、美白祛斑、延缓衰老"以及"抗氧化、美容养颜、净化血液"等宣传保健功能的相关内容。经核实，上述商品为普通食品，由平台第三方网店昆山乐活管家生物科技有限公司负责销售和配送，并提供宣传内容。	5000
亚马逊	举报人举报亚马逊的50种普通食品宣传保健功能及药品功能等	经调查取证，情况属实，其中46种举报属实，4种为重复举报	10000
亚马逊	举报人举报亚马逊网站上，对自营销售的几款普通食品卜珂牌山核桃、卜珂牌美国开心果、RS宝树牌橄榄油（西班牙进口）、加州开心果，涉嫌宣传保健功能	"卜珂牌山核桃，补血养气，补肾填精，止咳平喘，润燥通便等良好功效。""卜珂牌美国开心果，润肠通便，有助于机体排毒，开心果又是滋补食药，它味甘无毒，温肾暖脾，补益虚损，调中顺气，能治疗神经衰弱，浮肿，贫血，营养不良，慢性泻痢等症。""RS宝树牌橄榄油（西班牙进口），能促进血液循环，防止动脉硬化以及动脉硬化并发症，高血压，心脏病，心力衰竭，肾衰竭，脑出血，改善消化系统功能；有效保持皮肤弹性和润泽，消除面部皱纹，防止肌肤衰老，有护肤护发和防治手足皲裂等功效；提高生物体的新陈代谢功能和内分泌系统功能，是目前预防和控制糖尿病的最好食用油，含丰富的单不饱和脂肪酸与多不饱和脂肪酸，能抑制肿瘤细胞生长，降低肿瘤发病率。""加州开心果，有润肠通便的作用，有助于机体排毒，温肾暖脾，补益虚损，调中顺气，能治疗神经衰弱，浮肿，贫血，营养不良，慢性泻痢等症"	10000

在食品种类方面，这些电商的涉案食品有山核桃、开心果、橄榄油、牛奶、阿胶糕和酵素，没有常见的胶囊、片剂、茶之类。

在违法宣传的"保健功能"方面，3户电商的案件中多为机体排毒、抑制肿瘤、防控糖尿病、治疗神经衰弱、提高视力预防近视眼、美容护肤延缓衰老等，其中尤以宣传补气补血、美容养颜、提高免疫力为多。

2. 违法宣传治疗作用

《食品广告发布暂行规定》第七条规定：食品广告不得出现与药品相混淆的用语，不得直接或者间接地宣传治疗作用，也不得借助宣传某些成分的作用明示或者暗示该食品的治疗作用。

上述禁则有 3 层意思：一是不得出现与药品相混淆的用语，二是不得宣传治疗作用，三是不得借助宣传某些成分的作用来宣传食品的治疗作用。

从已查处的电商案件看，京东多为前两层，即出现了与药品相混淆的用语、宣传了治疗作用；1 号店多为第二层，即宣传治疗作用；国美在线多为第三层，即借助宣传成分的作用来宣传食品的治疗作用。

3 户电商的 9 件案件中，涉案食品分别为村品黑蚂蚁，臻品源纯蜂巢蜜，kennodo 大麦若叶青汁，八鲜岛即食海参，贝咖玛咖精片，国水天然矿泉水康，比特肽诱人花养阿胶糕即食、炭烧腰果、英果特产干果和疆域吃货黑花生，天颜蜜语土蜂蜜，芊动代餐奶昔 + 芊动左旋肉碱胶囊。经办案机关核实，除 kennodo 大麦若叶青汁、芊动左旋肉碱胶囊为保健食品外，其余均为普通食品。

至于违法宣传的治疗作用，案件中更是五花八门，如"对风湿、类风湿关节炎、肩周炎、颈椎病、坐骨神经痛、骨痛等有显著效果""用

表 21 京东、1 号店、国美在线食品广告违法宣传治疗功能表现形式

涉案电商	涉案食品	违法宣传治疗功能	违法性质	罚款（元）
京东	村品黑蚂蚁100 克 / 瓶	使用"针对风湿、类风湿关节炎、肩周炎、颈椎病、坐骨神经痛、骨痛等有显著效果""用于风湿性关节炎、支气管炎、神经官能症、失眠、胃痛、毒肿痛等功效"等宣传用语，实际为普通食品。	食品广告宣传治疗作用	5000
	臻品源纯蜂巢蜜240g★2 盒	宣称具有"治疗鼻炎咽炎"等功效。商品的生产许可证编号为 QS330826010003，实际是普通食品。	食品广告宣传治疗作用	5000

续表

涉案电商	涉案食品	违法宣传治疗功能	违法性质	罚款（元）
1号店	"Ironkids 小铁人"红甜菜根蔬果营养糖浆	"适用于幼儿、儿童及成人 预防及辅助治疗铁缺乏症及贫血"。	普通食品宣传对疾病的防治作用	5000
	"艾佳人"月子餐套餐	宣传医疗作用"活血""抗血栓""抗炎"。		5000
	"奥医"产福欣营养液	宣传的"活血化瘀 恢复元气""活血祛瘀促进恶露排出""桃仁、五味子果、生姜可消炎镇痛""均有降血脂作用"等内容，涉及宣传医疗作用"活血""消炎"。		5000
	Amway 美产安利纽崔莱深海鱼油胶囊	"预防中风""降低血压""改善牛皮癣、湿疹等皮肤病引起的瘙痒、潮红、落屑、发炎等症状"。		5000
	LVCI 纳豆激酶复合片	广告中宣传的"抗菌杀毒""解毒""降血脂，降血压的天然药材"等内容含有与药品相混淆的用语。		5000
国美在线	kennodo 大麦若叶青汁	网页中含有"大麦素 40% 左右的天然食物纤维，从根本上治疗便秘……抗氧化活性 OD 活性酶为最好的人体抗氧化物质，高效去除人体各类有害自由基，迅速提高人体免疫力尤其是抗肿瘤能力。对血管疾病，肝肾病变、糖尿病、癌症防治特有疗效。SOD 活性酶能促使胃肠道有益菌群大量繁殖，能从根本上消除口臭和体臭"等宣传内容，借助某些成分的作用宣传治疗作用。经核实，上述商品为保健食品，由平台第三方网店深圳助力通商运营管理有限公司负责销售和配送并提供宣传内容。	借助某些成分的作用宣传治疗作用	5000
	八鲜岛即食海参	网页含有"海参富含高蛋白、多种氨基酸防止动脉粥样硬化，修复陈旧性心肌梗塞最有效的物质。具有抗凝、能降低血脂血压及血浆黏度，提高人体免疫力"等宣传内容，借助某些成分的作用宣传治疗作用。经核实，上述商品由平台第三方网店大连八仙岛海洋生物食品有限公司负责销售和配送并提供宣传内容。	借助某些成分的作用宣传治疗作用	5000

续表

涉案 电商	涉案食品	违法宣传治疗功能	违法 性质	罚款 （元）
国美在线	贝咖玛咖精片	网页中"提高免疫力，抗肿瘤，抑制癌变……改善妇科炎症……有效预防血栓……玛咖中富含的植物蛋白、矿物质锌、牛磺酸等可有效改善人体抗疲劳能力、抗压能力、抗抑郁能力、抗病能力，对于人体免疫系统改善有非常好的功效。玛咖中含有的多糖、芥子油苷、甾醇等具有非常好的抗氧化能力，可以有效延缓衰老"等内容，借助宣传某些成分的作用明示或暗示该食品的治疗作用。经核实，上述商品为普通食品，由平台第三方网店贝利斯国际生物科技（北京）有限公司负责销售和配送并宣传内容。	借助某些成分的作用宣传治疗作用	5000
	国水天然矿泉水	网页中含有"偏硅酸可增加软骨、结缔组织的弹性和强度，促进骨骼生长。水中含有的偏硅酸可美容、抗衰老。硅是与长寿有关的必需微量元素。偏硅酸对心血管有保护作用。硅能增强血管的弹力纤维强度，特别是内膜弹力层，可构成一道屏障以阻碍脂质内侵。由于硅能起到保持弹力纤维和间质完整性，可防止粥样硬化斑块的形成，从而达到抵抗动脉粥样硬化的作用"等宣传内容，借助某些成分的作用宣传治疗作用。上述商品由平台第三方网店华农农资连锁股份有限公司负责销售和配送并提供宣传内容。	借助某些成分的作用宣传治疗作用	5000
	康比特肽诱人花荟阿胶糕即食、炭烧腰果、英果特产干果和疆域吃货黑花生	四款商品的宣传介绍网页，网页介绍主要含有"顶级腰果""最天然""最新鲜""最香醇""最饱满""软化血管""补脑益智""防癌抗癌""消炎杀菌""补虚强体""100%真果""100%原产地""最纯正品种""邮政第1品牌""全球首款助眠胶原蛋白饮"等最高级用语和借助宣传某些成分的作用明示或暗示该食品的治疗作用。经核实，上述商品均为食品，由平台第三方网店负责销售和配送。	有最高级用语和借助宣传某些成分的作用明示或暗示该食品的治疗作用	4000

续表

涉案电商	涉案食品	违法宣传治疗功能	违法性质	罚款（元）
国美在线	天颜蜜语土蜂蜜	宣传介绍网页，其中"减少皱纹等皮肤疾患，改善便秘，促进肠道排毒……抗疲劳、抗过敏、润肺止咳"等宣传内容含有与药品相混淆的用语，直接或者间接地宣传治疗作用。经核实，上述商品为普通食品，由平台第三方网店宿松县蜂鸟优选电子商务有限公司负责销售和配送并提供宣传内容。	含有与药品相混淆的用语，直接或者间接地宣传治疗作用	5000
	芊动代餐奶昔＋芊动左旋肉碱胶囊	网页中对芊动左旋肉碱胶囊的介绍中含有"清脂，清除血液中甘油三酯、胆固醇等血液垃圾"以及"昆布提取物中的功效成分昆布多糖能够明显改善大鼠血清卵磷脂胆固醇脂酰基转移酶（LCAT）、脂蛋白质酶（LPL）和胰脂肪酶（PL）的活性，从而降低血清甘油三酯和总胆固醇、改善血清 HDL-C 水平，具有降血脂的作用"等宣传内容，借助某些成分的作用宣传治疗作用。经核实，上述商品为保健食品，由平台第三方网店北京康比特体育科技股份有限公司负责销售和配送并提供宣传内容。	借助某些成分的作用宣传治疗作用	5000

于风湿性关节炎、支气管炎、神经官能症、失眠、胃痛、毒肿痛等功效""治疗鼻炎咽炎""对血管疾病，肝肾病变、糖尿病、癌症防治特有疗效""能从根本上消除口臭和体臭"等，不一而足。

3. 同时违法宣传保健和治疗作用

前文分别分析了电商食品广告违法宣传保健作用和治疗作用的表现形式。也有一部分电商违法食品广告同时触犯了《食品广告发布暂行规定》的第七条和第十三条，即同时违法宣传治疗和保健功能，出现竞合形式。

这类案件体现在京东和1号店，其中京东有9件、1号店有15起这类违法行为。表22、表23详细列出了两户电商的案件的表现形式。

表 22　京东食品广告违法宣传治疗和保健功能表现形式

涉案食品	违法宣传治疗和保健功能	罚款（元）
"SI-KI 时健"牌玛咖片	宣传具有改善易疲劳人群、精力不足腰酸背痛人群等功效，该商品实际为普通食品。	5000
"SI-KI 时健"蛹虫草片	宣传该产品具有补肾、改善易疲劳人群等功效。经核实，上述产品系普通食品。	5000
"皇级本草"牌秘鲁黑玛卡礼盒	宣传该产品具有"缓解疲劳、增强精力、调节荷尔蒙"等功效，经核实，该商品系普通食品。	5000
"奥兰麦卢卡"蜂蜜	宣传该产品具有改善消化不良、有效缓解胃溃疡、提高免疫力等功效。经核实，该商品为普通食品。	5000
ACE 东革阿里胶囊、马来西亚东革阿里胶囊、安美奇东革阿里胶囊、柏立特进口东革阿里复合胶囊、爱司盟东革阿里复合胶囊、美国柏立特东革阿里复合胶囊、柏立特东革阿里复合胶囊、arcondeeACE 东革阿里胶囊	"促进自身睾酮分泌，促使人体二次发育，促进人体肌肉增长、保持旺盛精力、舒缓低落情绪及抑郁、减缓压力与忧虑""加强人体血液循环及新陈代谢、改善内分泌系统、增强自身的免疫功能""抗氧化、抗衰老""对糖尿病、高血压、风湿病、头痛有显著作用""降低心脏病、心肌梗塞及老年痴呆症的罹患风险""预防癌症、预防肿瘤、改善血液循环、提高免疫系统、增强抵抗力、减少疲劳""治疗疟疾、治疗痛风、治疗头疼、治疗性功能障碍""全面提升性腺系统""实现对前列腺炎症状的消除"等。经核实，上述产品系普通食品。	10000
新力活柠檬发酵浓缩汁	称具有"预防慢性病、抗癌、防衰老物质（多酚）""增强体质、消除疲劳、加强免疫力物质（超氧化分歧酶）""帮女神们减肥、养颜"等功效。经核实，该商品为普通食品。	10000
雪鼎玛咖片	宣传网页中宣称该商品具有"抵抗疲劳、补充精力、坚固免疫系统"等功效，同时还宣称此商品对性功能障碍、高血压、贫血症、更年期综合症、支气管炎、风湿病等具有治疗作用。经核实，该商品均为普通食品。	10000
FANCL 无添加大豆异黄酮片	宣传网页宣称该商品具有"改善肤质、抗衰老、预防乳腺癌及骨质疏松、调节女性天然周期维持女性内分泌正常"等功效。经核实，该商品为普通食品。	10000
刘氏哈密油菜花粉蜜500g★2瓶	宣传网页宣称该商品具有"治疗前列腺疾病""增强免疫力""保肝护肝""抗菌消炎""抗病毒"等功效。经核实，该商品为普通食品。	10000

表23 1号店食品广告违法宣传治疗和保健功能表现形式

涉案食品	违法宣传治疗和保健功能	罚款
森永系列奶粉	使用了"DHA和ARA是对胎儿和婴幼儿脑部及视觉神经发育起重要作用的必需脂肪酸，并具有预防过敏和心血管系统疾病等效果。森永系列配方奶粉将DHA和ARA调整到适合中国宝宝身体吸收的合理比率"等宣传用语。	5000
LVCI天然果蔬酵素饮	广告中宣传了普通食品具有"提高机体免疫能力""减肥"等保健功能，且使用了"消炎"等与医疗相混淆的用语。	5000
果贝纤PR90溶脂火龙果水果酵素	宣传"来自'星星'的减肥产品""有预防高血压作用"。	10000
Igene鹿鞭牡蛎复合片715Mg×180片瓶装	宣传"补肾健体""显著提高男性性功能""增加精子数量和活性"，"主要成分：鹿鞭具有补肾、壮阳、益精等作用；现代医学认为牡蛎有提高性功能、增强免疫等功效"。	5000
奥纳童源素和奥纳超级乐享宝	"增加儿童免疫力及预防各种疾病的能力""提高儿童的智力"和"滋补缓解疲劳"。"1900年哥维及苗勒等应用于因神经衰弱所致的阳痿及麻痹性不感证取得疗效，因而用于临床。是目前较为肯定而且应用最多的一种植物性治疗勃起功能障碍的纯植物制剂。"	10000
克鲁托孕妇橄榄油	"妊娠纹产后消除预防修复专用去除妊娠纹产前产后"，"适用人群：处于备孕期、妊娠期和哺乳期的女性，以及肥胖、心脏病、高血压、高血脂和高血糖人群"，"深层滋养，淡化色斑"，"全部产自这8000棵顶级橄榄树"，"益智健脑、供给DHA"，"可使皮肤细腻光泽减少妊娠纹；滋润肠道，改善便秘"，"预防妊娠纹的产生"，"成分可以在肌肤形成保护层，减少辐射与紫外线的伤害，预防妊娠纹"，"在胃酸中能保持稳定数小时，有着强抗菌作用，可抵抗诱发消化性溃疡的多种病菌。同时，橄榄油中的油酸还能减轻胃炎症状"。	10000
"憨豆熊"松子	"滋阴润肺 预防心血管疾病 白润皮肤 抗衰老 润肤美容 润肠通便"。	10000
"香牧"有机黑米	"膳食营养调配健康 搭配药膳，可防病治病、保健强身、延年益寿"、"四大健康益处 能养生的，能美容养颜的，能益气补肾的黑米"。	10000

续表

涉案食品	违法宣传治疗和保健功能	罚款
"高原之宝"牦牛奶	"抗癌，增强抵抗力，降低血压，是一种天然的降脂及减肥产品"。"优质乳蛋白3.84g，是普通牛奶的二倍"，"赖氨酸增强免疫力，是普通牛奶的二倍多"，"苏氨酸 滋润皮肤，是普通牛奶的三倍多"，"亮氨酸 控制血糖，预防糖尿病，是普通牛奶的二倍多"，"维生素D 促进钙及磷的吸收，普通牛奶几乎没有"。	5000
"Lumi"进口左旋肉碱茶多酚西柚饮（违反第七条、第九条和第十三条）	"去脂减肥 不用手术"、"还有助于降低人体血液中的总胆固醇值和甘油三酯值，帮助防治心血管疾病。服用富含HCA的减肥产品，在餐前30分钟效果最佳""Angle 曾任杨幂助理 时尚达人'可恨的小肚腩，让我衣服只敢穿宽松款！听杨幂介绍了Gomini，我也开始喝，不到两个礼拜，腰围瘦了2公分，好兴奋哦！'"及图片展示7天、14天、28天、56天人群的减肥效果证明。	10000
"林氏珍宝堂"燕窝	"燕窝的功效：第一，止咳治喘"、"预防疾病并可促进脑部发育，增强智力，反应灵敏，同时可治疗青春痘/祛斑，让宝贝更加健康快乐成长"。	5000
"Cheerer/喜瑞"超浓缩生姜粉片、雪山骨葆骨胶原枸杞片、高山牦牛骨胶原和"Gregion/歌绿郡"魔芋果蔬纤维片、清本莹白白芷薏仁片	"Cheerer/喜瑞 喜瑞超浓缩生姜粉片"的内容中涉及"暖脾胃 改善寒性体质""对老人的慢性支气管炎、肺虚咳嗽、头痛鼻塞、腹泻等甚为适用""温经散寒、破血逐瘀作用"等；宣传"Cheerer/喜瑞 雪山骨葆骨胶原枸杞片"的内容中涉及"纯天然食材，见效快""对于骨质疏松的腿脚无力、关节炎、腰腿酸软等1-2个星期可见效"等；宣传"Gregion/歌绿郡 魔芋果蔬纤维片"的内容中涉及"饱腹—抑脂—排脂，轻松塑身，一步到位减肥也可以不用挨饿哦"等；宣传"Gregion/歌绿郡 清本莹白白芷薏仁片"的内容中涉及"内调美白"。	5000
"DNZ"新西兰进口葡萄籽维生素	"具有消炎作用，适用于关节炎、肝炎、肠胃病、红斑狼疮等自身免疫的疾病"，"抗炎、抗过敏"，"缓解荨麻疹、干隔热、过敏性鼻炎等各种过敏症状"，"防止早衰、糖尿病、动脉硬化等100多种自由基所引起的疾病"。	5000
山养堂 杜仲 杜仲茶花草茶	"作用：改善肥胖，降脂降压、通便利尿"，"适用人群：1.高血压、高血脂、心脑血管疾病人群；2.高血压伴有血脂、血糖异常人群；3.肾虚人群；4.失眠多梦、皮肤粗糙、暗淡人群"。"杜仲茶的几大保健功效：1.天然降压，持久无副作用；2.补肾壮阳、治腰痛肾虚，性福常在；3.不节食，不增加运动量，轻松减肥；4.降血脂、调节心血管功能，降低胆固醇"。	5000

相对京东而言，1号店违法宣传治疗和保健功能案件的涉案食品更加繁杂，甚至出现了奶粉、橄榄油、松子、黑米、牦牛奶、燕窝、生姜、枸杞等日常食品。

4. 保健食品广告扩大范围

保健食品应有国家食品药品监督管理局批准的保健食品批号，一般以"国食健字G"开头，也有个别是"卫食健字"开头。

国家食品药品监督管理总局对这些保健品的产品说明书中对该商品保健功能的描述作了严格的限制，大多数只有一项，或是抗疲劳，或是增强免疫力，或是缓解体力疲劳，或是补充多种维生素和矿物质；也有极少数是批准了两项，如增强免疫力、缓解体力疲劳。

《食品广告发布暂行规定》第十条规定：保健食品的广告内容应当以国务院卫生行政部门批准的说明书和标签为准，不得任意扩大范围。

7户电商中，只有京东和1号店出现了违反上述法条的案件。数量也不少，京东有9件，1号店有2件。

这些案件中，涉案保健食品均有国家正规批号，国家批准的保健功能描述范围只包括4种：抗疲劳、增强免疫力、缓解体力疲劳、补充多种维生素和矿物质。但在京东和1号店的网页上，这些保健食品的说明书和标签都超过了国家批准的范围，违法扩大了宣传内容，且内容五花八门。

在京东和1号店的这些案件中，国家批准的"抗疲劳"功能，在广告中变成了"促进恢复体力、增加食欲、放化疗伴侣""全面配方带来7大益处：补充体力、减轻疲劳，增强抵抗力、提高免疫力，促进术后伤口愈合、恢复体力，抗氧化、预防慢性病，心血管健康，解酒保肝、养肝护肝，防癌抗癌、辅助放化疗"等。

国家批准的"增强免疫力"功能，在广告中演变成了"抑制病菌/少生病"、"天然免疫增强剂"、"快速促进伤口愈合"、"美丽肌肤/超强抗氧化"、"辅助降血糖"、"调节血压/辅助降血脂"、"辅助抑制肿瘤"、"保肝护肝/远离疾病""减毒增效辅助抑制肿瘤、保肝护肝抗肝纤维化、增强免疫力远离重大疾病""提高生殖细胞免疫力和活力"等。

国家批准的"缓解体力疲劳"功能，在广告中演变成了"天然养肾""滋阴补肾""强筋壮骨、去除风寒""保护肝肾、解毒杀菌""补肾壮阳""补肾壮阳预防早泄肾虚""提升人体免疫力""保护前列腺""缓解压力""调节荷尔蒙""刺激脑力"等。

国家批准的"补充多种维生素和矿物质"功能，在广告中演变成了"预防出生缺陷、防止产前意外、提高胎儿智力"等。

表24　京东、1号店保健食品广告违法扩大范围表现形式

涉案保健食品	违法扩大宣传内容	国家批准的保健功能描述范围	处罚（元）
安普胶囊	宣传页面宣称该商品可以"促进恢复体力、增加食欲、放化疗伴侣"。	抗疲劳	5000
丰笛参百益胶囊	宣传页面上宣称该商品"全面配方带来7大益处：补充体力、减轻疲劳，增强抵抗力、提高免疫力，促进术后伤口愈合、恢复体力，抗氧化、预防慢性病，心血管健康，解酒保肝、养肝护肝，防癌抗癌、辅助放化疗"。	抗疲劳	5000
金奥力牌蜂胶软胶囊	宣传页面上宣称蜂胶具有"抑制病菌/少生病""天然免疫增强剂""快速促进伤口愈合""美丽肌肤/超强抗氧化""辅助降血糖""调节血压/辅助降血脂""辅助抑制肿瘤""保肝护肝/远离疾病"等八大保健益处。	增强免疫力	5000
中科牌创新灵芝孢子油胶囊500mg×40粒	页面宣称该商品具有"减毒增效辅助抑制肿瘤、保肝护肝抗肝纤维化、增强免疫力远离重大疾病"等功效。	增强免疫力	5000
体恒健牌育之缘口嚼片	网页宣传该商品具有"提高生殖细胞免疫力和活力"等功效。	增强免疫力	5000
亨博士牌海狗人参丸	宣传页面上宣称该产品具有"天然养肾""滋阴补肾""强筋壮骨、去除风寒""保护肝肾、解毒杀菌""补肾壮阳"等功效。	缓解体力疲劳	5000

续表

涉案 保健食品	违法扩大宣传内容	国家批准的保健 功能描述范围	处罚 （元）
京仁堂牌人参海狗丸	宣传页面上宣称其具有"补肾壮阳预防早泄肾虚""提升人体免疫力""保护前列腺"等功效。	缓解 体力疲劳	5000
玛卡益康咀嚼片玛咖精片	宣传页面上宣称其具有"缓解压力""调节荷尔蒙""刺激脑力"等功效。	增强免疫力、缓解体力疲劳	5000
金斯利安叶酸30片（多维片维生素）	宣传该产品具有预防出生缺陷、防止产前意外、提高胎儿智力等功能。	补充多种维生素和矿物质	5000
"能量堡"海狗人参丸（1号店）	"推荐人群：正在备孕、熬夜上班族、性欲低、易健忘、易疲劳、早泄阳痿、前列腺炎、失眠多梦"及"下列人群使用海狗丸效果更好：阳痿、早泄、性功能障碍者"。	缓解 体力疲劳	5000
拉摩力拉玛卡片（1号店）	"补肾强身"	缓解 体力疲劳	5000

5. 以消费者名义证明产品功能

这类案件仅见于1号店，共有两起。

2014年6月5日起，1号店网站（www.yhd.com）上发布了"Lumi"进口左旋肉碱茶多酚西柚饮的广告，广告中称：Angle曾任杨幂助理，时尚达人。"可恨的小肚腩，让我衣服只敢穿宽松款！听杨幂介绍了Gomini，我也开始喝，不到两个礼拜，腰围瘦了2公分，好兴奋哦！"

2014年10月1日起，广州易盟品牌管理有限公司经营的1号店网站对外发布了果贝纤PR90溶脂火龙果水果酵素的广告，该广告中宣传"王小莹28岁前台文员开始喝的前几天能明显感觉到肠胃蠕动……小蛮腰又回来啦"等内容。

上述使用了消费者名义为产品功能作证明，明显违反了《食品广告发布暂行规定》第九条"食品广告中不得使用医疗机构、医生的名义或者形象。食品广告中涉及特定功效的，不得利用专家、消费者的名义或者形象做证明"的规定，被执法机关查处。

食品广告违法案件处罚结果

法律对违法食品广告的罚则规定得很笼统，基本上只有一条。《食品广告发布暂行规定》第十五条规定：违反本规定发布广告，依照《广告法》有关条款处罚。《广告法》无具体处罚条款的，由广告监督管理机关责令停止发布，视其情节予以通报批评，处以违法所得额三倍以下的罚款，但最高不超过三万元，没有违法所得的，处以一万元以下的罚款。

电商的广告有其特殊性。在本次选定的 7 户电商中，一般有两种经营模式：一种为电商自营，自己进货、自己宣传、自己销售、自己配送，另一种由平台第三方网店负责销售和配送并提供宣传内容。反映到宣传页面上，两种经营模式都无广告费用，即使是后一种形式（第三方网店），涉案电商作为广告发布者，只收取保证金和交易佣金，并无广告费用。

因此，实践中，办案机关对电商食品广告违法案件，都将电商作为广告主来认定，且大多数按没有广告违法所得来处理。依据《食品广告发布暂行规定》第十五条，最高只能处 1 万元罚款。

在实际中，办案机关对食品广告违法案件，绝大多数是取了中间值即处以 5000 元罚款。另外，有些案件采取最高限即 1 万元的罚款。低于 5000 元的很少，只有 1 件罚款 4000 元。（见表 25）

表 25　电商食品广告违法案件处罚情况

（单位：件）

违反条款	第七条		第九条	第十条	第十三条		第七条及第十三条		办案机关
罚款（元）	4千	5千	5千	5千	5千	1万	5千	1万	
京东		2		9	41	1	4	5	北京市工商局开发区分局

续表

违反条款	第七条		第九条	第十条	第十三条		第七条及第十三条		办案机关
罚款（元）	4千	5千	5千	5千	5千	1万	5千	1万	
亚马逊						2			北京市工商局朝阳分局
当当					2				北京市工商局东城分局
国美在线	1	6			1				上海市嘉定区市场监管局
1号店			1					1	上海市浦东新区市场监管局、上海市工商局自由贸易试验区分局
合　计	1	8	1	9	44	3	5	5	

在部分案件中，办案机关综合根据当事人的违法程度、影响及应对措施，仅责令停止销售，免予经济处罚。这类处罚决定多见于上海市工商局自由贸易试验区分局的处罚文书。

电商药品和医疗器械广告违法案件

7户电商中，只有京东出现了1件药品和1件医疗器械违法广告。

其中，京东药品广告违法案件中，涉案药品为康美三七粉纯粉活血补血云南文山三七田七粉。京东在网页上使用"康美的三七粉打磨是采用目前最先进的仪器，细度已经是行业最细程度"的广告宣传用语，违反了《药品广告审查发布标准》第十条第（八）项之规定，构成发布药品广告使用不科学用语和表示的违法行为。

该法条规定：药品广告中有关药品功能疗效的宣传应当科学准确，不得出现下列情形：……（八）其他不科学的用语或者表示，如"最新技术"、"最高科学"、"最先进制法"等。

上述禁则，相对应的罚则是《药品广告审查发布标准》第十八条第四款，规定：违反本标准规定发布的广告，构成虚假广告或者引人误解的虚假宣传的……违反本标准其他规定发布广告，《广告法》有规定的，依照《广告法》处罚；《广告法》没有具体规定的，对负有责任的广告主、广告经营者、广告发布者，处以一万元以下罚款；有违法所得的，处以违法所得三倍以下但不超过三万元的罚款。

在这件案件中，北京市工商局开发区分局对广告主京东处以1万元的最高限罚款，体现了对药品广告从严监管的理念。

在京东的1件医疗器械广告违法案件中，涉案商品为美龄宝家用通便排便清肠器灌肠器3代。京东的宣传页面上，宣称该产品适用人群为：中老年便秘患者，减肥、爱美女性人士，压力大、精神性便秘患者。

经核查，该产品在食品药品监督管理部门批准的医疗器械产品注册登记文件的产品适用范围是"在临床医生指导下，用于便秘患者排便"。

显然，京东宣传中的"减肥、爱美女性人士，压力大、精神性"这些词语超过了批准的适用范围，违反了《医疗器械广告审查发布标准》第四条"医疗器械广告中有关产品名称、适用范围、性能结构及组成、作用机理等内容应当以食品药品监督管理部门批准的产品注册证明文件为准"的规定。

《医疗器械广告审查发布标准》第十七条第二款规定："违反本标准第三条、第四条等规定发布的医疗器械广告，依照《广告法》第四十一条处罚。"而1995年《广告法》第四十条规定：发布广告违反本法第九条至第十二条规定的，由广告监督管理机关责令负有责任的广告主、广告经营者、广告发布者停止发布、公开更正，没收广告费用，可以并处广告费用一倍以上五倍以下的罚款。

最终，北京市工商局开发区分局在此案中对京东处以12000元罚款。

第四章　电商一般广告案件分析

　　此次收集的电商一般广告违法案件，都是按照 1995 年《广告法》进行查处的。

　　尽管新《广告法》已于 2015 年 9 月 1 日正式实施，但新法的禁则基本上是建立在旧法的基础之上，基本上保留了旧法所禁止的广告违法行为。而且，新法从广告内容准则到广告行为规范，从广告监督管理到法律责任，都比 20 年前的 1995 年《广告法》更加严格。

　　加强监管、加重处罚，是广告监管的一个总体趋势。过去禁止的，现在仍然禁止。过去模棱两可的，现在明确禁止。过去处罚畸轻的，现在大幅加重。因此，分析电商在新《广告法》实施前的广告违法案件，特别是总结其中的电商广告违法表现形式，探究电商广告违法现象规律，为当前各电商更有针对性地整改违法广告、为监管机关更有针对性地加大监管违法广告力度，仍然有着重要的现实意义。

　　鉴于新旧《广告法》每条对应的内容有些变化，本章重点按照旧《广告法》的法条规定，结合各电商的案件进行分析，而忽略引用其具体条数。读者不妨把关注重点放在电商案件内容上。

广告违法案件涉案电商

7 户电商中，超过一半的电商留下了广告违法案件记录，分别是京东 51 件，亚马逊 1 件，1 号店 4 件，易迅 1 件，苏宁易购 2 件。5 户电商的广告违法案件，占各自违法案件总数的 21.8%、7%、23%、9% 和100%。

当当、国美在线在抽样调查期内无广告违法案件记录。

广告违法案件性质

1995 年《广告法》共列举了 13 条广告准则，但从 6 户电商已查处的案件看，电商违法广告主要容易触犯其中的 5 条广告准则。这其中，又尤以触犯第七条第二款第（三）项最多，比例约 67%。

从表 26 看到，总体而言，使用国家级、最高级、最佳等用语，是电商广告违法案件最集中的类型，占到了 66.7%。这说明，绝对化用语是电商最多、最常见的一类广告违法行为，是电商最需要清理的一类广告，也是工商机关重点治理的广告违法行为。

另外有两类违法广告占的比重也较大。一是在广告中对商品的性能、产地、用途、质量、价格、生产者、有效期限、允诺或者对服务的内容、形式、质量、价格、允诺表示不清楚、不明白。二是食品、酒类、化妆品广告内容不符合卫生许可的事项，使用了医疗用语或者易与药品混淆的用语。这两类违法案件各约占 13%。

此外，还有电商广告在使用数据、统计资料、调查结果、文摘、引用语时，违反了应当真实、准确并表明出处的要求，也有个别违反"广告不得含有虚假的内容，不得欺骗和误导消费者"和"妨碍社会公共秩序和违背社会良好风尚"规定的案件。

表 26 电商违反 1995 年《广告法》案件分布表

（单位：件）

	第四条	第七条第二款		第九条第一款	第十条	第十九条
		第(三)项	第(五)项			
法条内容	广告不得含有虚假的内容，不得欺骗和误导消费者	使用国家级、最高级、最佳等用语	妨碍社会公共秩序和违背社会良好风尚	广告中对商品的性能、产地、用途、质量、价格、生产者、有效期限、允诺或者对服务的内容、形式、质量、价格、允诺有表示的，应当清楚、明白	广告使用数据、统计资料、调查结果、文摘、引用语，应当真实、准确，并表明出处	食品、酒类、化妆品广告内容必须符合卫生许可的事项，并不得使用医疗用语或者易与药品混淆的用语
京东		34		7	2	7
亚马逊		1				
1号店		1			2	
易迅			1			
苏宁易购	1	1				
合计	1	37	1	7	4	7

广告违法案件表现形式

1. 使用国家级、最高级、最佳等用语

1995 年《广告法》第七条规定：广告内容应当有利于人民的身心健康，促进商品和服务质量的提高，保护消费者合法权益，遵守社会公德和职业道德，维护国家的尊严和利益。广告不得有下列情形：……（三）使用国家级、最高级、最佳等用语……

汉语中的绝对化词语非常丰富，一句法条不可能概而述之。那么，在电商广告违法案件中，哪些绝对化词语用得最多？电商应当如何预防？

表27　电商广告违法案件性质占比表

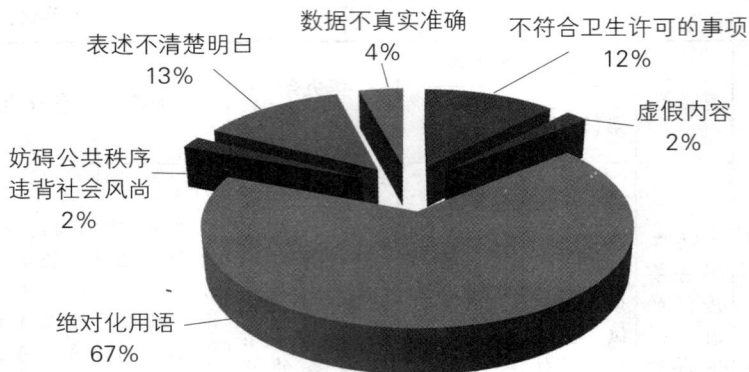

仔细梳理这37件案件，我们发现，其实电商偏爱用的绝对化用语并不多，基本上只有"顶级"（16件）、"最×"（10件）、"极品"（7件）、"第一"（4件）这四类。其中，"顶级"是用得最多的词，占到了44%。"最×"占到了25%，37件案件中只出现了最低（价）、最佳、最好、最薄4种词。另外，"极品"一词也用得很滥，达到了19%。最后一种就是各种"第一"，占到12%。

当然，也有个别案件出现两个以上的绝对化用语。

如此看来，电商的绝对化用语违法广告如同程咬金的三把斧，招数并不多。这给电商清理绝对化用语违法广告带来便利。其实过程也很简单，只需要在数据输入口屏蔽上述4个绝对化词语，就能把这类违法行为降低到最低限度。

我国法律为何绝对禁止使用无法证实或者证伪的绝对化形容词，如国家级、最高级、最优秀、独一无二等？

全国人大法工委经济法室副主任王清主编的《广告法解读》一书中指明，"经济社会是不断发展变化的，对商品或服务的任何表述都不可能是绝对的。使用绝对化用语不但容易误导消费者，而且可能不正当地贬低同类商品或服务，因此应当禁止"。

当然，绝对化用语也并非一律不能用。电商应将绝对化用语使用环境仔细区分。

一是对于没有限定范围或者限定范围无法通过客观证据证明的描述，属于相对禁止使用，例如顶级、最高、最大、最先、全球首发等。国家工商局《关于"顶级"两字在广告语中是否属于"最高级"等用语问题的答复》中明确表示，"《广告法》第七条第 2 款规定，广告不得使用国家级、最高级、最佳等绝对化用语。'顶级'两字，是与上述用语含义相同的表示，属于绝对化用语，故适用前款规定"。

二是在限定范围被客观证明的情况下，可以在证据充足的条件下进行使用。例如 2015 年 9 月 4 日，上海市工商局微信公众号发的一篇文章中提到，"'首个''独家''唯一'等用语，如有事实依据且能完整清楚表示，不致引人误解的，则允许使用"。

相比其他电商，京东的绝对化用语最丰富。那么，京东都爱在哪些商品中用绝对化用语？常用在什么场合？请看表 28。

表 28 京东广告违法案件绝对化用语表现形式

绝对化用语	涉案商品	表述形式	罚款（元）
顶级	五星苹果 AGGLE 男士真皮腰带双面头层牛皮跑车款自动扣皮带荔枝纹 ZD52 黑色 A 款 130CM	顶级头层牛皮	15000
	天赐古韵谷维素生态食用稻米油	顶级品质、彰显价值	3000
	中国劲酒公司玛咖	精选顶级玛咖为原料	3000
	茶人岭浓香型铁观音	使用"顶级"的广告宣传用语	3000
	雅皮氏真皮钱包、圣大保罗休闲鞋、波斯丹顿男士包	宣传网页中多处发布使用"顶级"的文字表述	3000

续表

绝对化用语	涉案商品	表述形式	罚款（元）
顶级	惠科（HKC）T7000+27英寸H-IPS屏LED背光2K宽屏液晶显示器	采用世界最顶级的IPS广色域LED显示屏，2560×1440的全高清分辨率，与APPLE的顶级显示器相比色彩毫不逊色，是目前显示器中色彩还原最为准确的显示器、"T7000+拥有全球最顶级27英寸显示分辨率"	15000
	颂礼 玛瑙＋星月菩提108佛珠尼泊尔极品干磨 藏式手串念珠顺白手链男女款天然长款手顶级顺白款7*9	顶级	3000
	卡韵汽车坐垫	最顶级的高档冰丝材质	3000
	格律诗电动车	国际顶级品牌定制产品，质量可靠	3000
	男童大衣毛呢外套儿童妮子上衣童装爱法贝童装冬装呢大衣大童英伦外套深绿	法国顶级品牌	3000
	惠科（HKC）T7000plus 27英寸高分LED背光宽屏液晶显示器	27英寸显示器的最顶级分辨率""顶级液晶面板，2560×1440超高清分辨率"	3000
	平行线D10D16D006行车记录仪5寸后视镜导航一体机 双镜头 超高清夜视安卓车载D006单镜头蓝镜无卡、金字金华火腿整腿礼盒	"顶级配置""智能安卓系统机、目前市场最高科技没有之一""第一品牌"	6000
	诺利瑞珂皮毛一体男装男1028-3黑色XXXXXL"	甄选顶级绵羊皮	3000
	【肴易食】新西兰进口羊排包邮新鲜羊羔肉法式羊排烧烤七骨羊扒	顶级食材	5000
最×	格立高GLG-Y13A原汁机榨汁机果汁机	全球首发全网唯一新一代格立高原汁机仅售499元颠覆行业最低价	3000
	李宁LINING羽毛球拍对拍全碳素金属钛科技中国红2支装	全网最低价	3000
	戴尔（DELL）Ins14VR-4516灵越14英寸笔记本电脑	全网最低四代i5平台，不求利润，只求销量，挑战行业底线	3000

续表

绝对化用语	涉案商品	表述形式	罚款（元）
最××	戴尔（DELL）Ins14VR-4516 灵越14 英寸笔记本电脑	全网最低	3000
	LG 牌手机	最佳革新、最佳安卓手机	3000
	舒达源纯天然苏打水	伴酒最佳	5000
	欧耐 HONOR 铝合金高压省力打气筒	最佳典范	3000
	列奇牌男棉袄外套、充电翻斗车	全网质量最好	6000
	金立（ELIFE）S5.1（GN9005）黑色移动 4G 手机、金立（ELIFE）S5.1（GN9005）粉色移动 4G 手机	最薄智能手机	3000
极品	青钱柳牌降糖神茶	高端极品	3000
	香圣极品兰贵人 200g 特级	多处发布使用"极品"的文字表述	3000
	首甲羊绒线正品极品纯山羊绒线手编机织毛线极品纯山羊绒线机织细线宝宝线手编羊毛线 049 姜黄	极品	3000
	云南特色酱辣椒酱傅家自制极品调料、凤桐貂绒线正品貂王极品貂绒线羊绒线手编长貂毛线清仓特价正品手编貂毛线清仓特价极品	极品貂绒线，清仓特价极品	3000
	黑京砖黑茶	极品	3000
	徽班茶叶、云舍腌料、同庆和堂枸杞	最核心产区；极品	9000
	中茶牌黑茶园极品黑茶砖 200g	极品	3000
第一	南极人（nanjiren）蓄热加绒舒肤黄金绒保暖内衣套装、南极人（nanjiren）甜美性感舒适透气超薄一片式无痕女士内裤	"第一品牌""销量第一"	3000
	格之格 NT-CN2612X 大容量黑色硒鼓及格之格 NT-CN0388CT 易加粉硒鼓	国内通用硒鼓销量第一	3000
	华日家居	中国实木家具第一品牌	3000
	至滕角钢货架仓储货架	京东仓储第一品牌	3000

亚马逊、1号店和苏宁易购则爱用"顶级"一词，见表29。

表29　亚马逊、1号店和苏宁易购广告违法案件绝对化用语表现形式

涉案电商	绝对化用语	涉案商品	表述
亚马逊	顶级	TCLD55A571U55 英寸大屏 4K 安卓职能云 LED 电视	A571U 运用顶级的平、场频驱动技术、TCL 顶尖工艺集成一身
1号店		华为荣耀 6H60-L01 移动 4G 手机	顶级品质 5.0 英寸全高清屏、顶级 3GB DDR3 内存、全球顶级运营商美国 AT&T 的入网标准
苏宁易购		魅族手机 MX3 联通 16G（M351）手机	特别定制 2GB 内存，每秒吞吐 12.8GB 数据，是目前手机中顶级的，定制索尼顶级 CMOS，索尼最顶级 800 万背照式

2. 对商品价格性能等表示不清楚

1995 年《广告法》规定：广告中对商品的性能、产地、用途、质量、价格、生产者、有效期限、允诺或者对服务的内容、形式、质量、价格、允诺有表示的，应当清楚、明白。

7 户抽样电商中，违反此条款的电商仅见京东，其特征也很明显：一是均为商品，不见服务。二是不清楚表示局限在价格、允诺、性能 3 个方面，其他诸如产地、用途、质量、生产者、有效期限，则无案件体现出来。

表30　京东广告违法案件商品表示不清楚表现形式

类别	涉案商品	违法广告内容	核实事实	罚款（元）
价格表示不清	欧莱雅（LOREAL）男士控油炭爽抗黑头洁面膏 100ml	宣传"套装每满 199 减 100 单品满 299 减 100"促销活动	经核实，该商品在 2014 年 11 月 10 日参加团购秒杀活动，价格为 29.9 元，不参加满减活动，11 月 11 日 9:30 开始参加满 299 减 100 促销活动	6000

续表

类别	涉案商品	违法广告内容	核实事实	罚款（元）
价格表示不清	中秋月饼最强特惠 3 折疯抢		经核实，该活动应为："中秋月饼最后一波，最强特惠，冰点价呈现 3 折起疯抢，活动时间为 2014.8.19−8.25"	6000
	天梭（TISSOT）手表力洛克系列机械男表	举办"寻找职场匹配秀、属于你的个性腕表"活动，该商品在该活动页面宣称价格为 2999 元	点击进入商品页面后显示价格为 3199 元，实际成交价为 2939 元	6000
	金夫人北京婚纱摄影	宣传页面宣称该商品京东价为 100 元	经核实，该 100 元并非商品实际价格而仅是定金	12000
	文丰通用座垫	五折专享 599 元	点击链接进入销售页面，商品编号为 1287409797 "文丰专车专用汽车座垫四季通用宝马 5 系途观速腾 Q5A4L 迈腾翼虎 CRV 专用座垫"销售价格为 898 元	6000
允诺表示不清	LG G3 手机国际版双卡双待 32G 版	手机节限时送玻璃贴膜＋屏幕保险服务	经核实，屏幕保险服务不是限时赠送	6000
性能表示不清	三星 Galaxy Note3Lite（N7506V）手机	拿起电话时，应用程序会自动显示在 Samsung GALAXYGear 上，如信息、邮件、ChatON 等	经核实，三星公司自 2015 年 2 月 1 日起已关停美国以外地区的"ChatON 智能语音客服"服务支持	6000

3. 化妆品广告使用医疗用语

《广告法》规定：食品、酒类、化妆品广告内容必须符合卫生许可的事项，并不得使用医疗用语或者易与药品混淆的用语。

被适用《广告法》查处化妆品广告案件的电商仅见于京东。不过，《广告法》上述条款界定的是 3 类商品即食品、酒类、化妆品，而京东此类案件中只涉及化妆品，绝大多数为精油之类，如洁伊丝 GEC 肉桂单方精油、静佳 JPlus 茶树精油、虞文萱薰衣草精油、卓航兰芝品牌 100ml 姜花精油、AFU 阿芙精油、黛西菲尔茶树精油。不属精油的只有老中医（LAOZHONGYI）肤宝蛇脂软膏一种。

至于违法表现形式，基本上都是使用了医疗用语，宣称有治疗功效。但经执法机关核实，这些商品均为普通化妆品。

调查发现，位于上海的 1 号店也发生多起化妆品广告违法行为，但上海工商机关没有适用《广告法》而适用了其他法规，本章文尾另作分析。（见第 85 页）

表 31　京东化妆品广告违法使用医疗用语表现形式

涉案商品	违法广告内容	核实事实	罚款（元）
洁伊丝 GEC 肉桂单方精油 10ml 洁伊丝 GEC 乳香单方精油 10ml	宣称该商品具有"补肾壮阳""治疗阳痿、助情催情、缓解痛经、治疗感冒""抗痘宁，对消化不良、胃肠痉挛、结肠炎、肠胃胀气、恶心腹泻有帮助""抗感染、强效抗菌"等功效； 具有"治疗呼吸道感染""改善老化肌肤、缓解咳嗽、治疗支气管黏膜炎""抗肿瘤、激励免疫系统"等功效。	普通化妆品	12000
静佳 JPlus 茶树精油 10ml	宣称"茶树最重要的用途是帮助免疫系统抵抗传染性的疾病，策动白血球形成防护线，以迎战入侵的生物体，并可缩短患病的时间，为强效的抗菌精油、它的净化效果绝佳，改善伤口感染的化脓现象，也可治疗头皮过干和头皮屑""杀菌消炎——强劲的抗病毒与杀菌特性，强化免疫能力。对持续性感染，如香港脚、妇科炎症等，有强效的杀菌抗炎作用。	普通化妆品	12000
虞文萱薰衣草精油 10ml	页面中宣称该商品有"消毒抗菌""对发炎的伤口及妇科炎症，可有效消炎、快速恢复健康""可以缓解和治疗因压力、情绪焦虑、荷尔蒙不平衡而引起的失眠症状""安抚紧张、沮丧的负面情绪及更年期综合征、产后抑郁症等"等功效。	普通化妆品	12000

续表

涉案商品	违法广告内容	核实事实	罚款（元）
卓航兰芝品牌100ml姜花精油	页面使用"消散淤血治创伤治感冒""也能减轻喉咙疼痛及扁桃体炎""治疗冷感症"等用语。	普通化妆品	12000
（LAOZHONGYI）老中医软膏15g 老中医（LAOZHONGYI）肤宝蛇脂软膏15g	宣称具有"治疗湿疹皮炎""治疗蚊虫叮咬""治疗皮肤皲裂""治疗冻伤冻疮""治疗阴道炎症"等功效。	普通化妆品	12000
AFU阿芙祛痘必备套装：薰衣草精油＋茶树精油祛痘去印明显搭档化妆品套组面部护理	页面宣称商品具有"消炎杀菌控油祛痘""强化身体免疫力，对抗伤风感冒、咳嗽、喉咙痛有缓解效果""增加活力和抵抗力"等功效。	普通化妆品	12000
黛西菲尔茶树精油10ml祛痘精油	页面宣称商品具有"杀菌消炎""治疗伤风感冒'咳嗽、鼻炎、哮喘'""治疗化脓伤口及灼伤、晒伤、香港脚及头屑"等功效。	普通化妆品	12000

4. 广告使用数据未表明出处

《广告法》规定：广告使用数据、统计资料、调查结果、文摘、引用语，应当真实、准确，并表明出处。

此类案件京东、1号店各有2件。从违法内容看，差不多都是在广告中使用了数据，但未表明出处，无法提供依据。（见表32）

其中，京东LED吸顶灯改造灯板一案带来的教训尤其深刻，非常具有普遍性。纵观当下电商网页广告，诸如某种商品"已售多少"之类的表述太多了，几乎无店不用，但使用这类广告数据务必要注意两点：一是要经统计和证实，二是要表明出处，否则就会涉嫌不真实、不准确被执法机关查处。

5. 广告含有虚假内容

《广告法》规定：广告不得含有虚假的内容，不得欺骗和误导消费者。

表 32　京东、1 号店广告违法案件数据无出处表现形式

涉案商品	违法广告内容	核实事实	罚款（元）
LED 吸顶灯改造灯板	已售 18588 套	经核实，该数据未经统计和证实，不真实准确，也未表明出处	6000
松古树美玛卡片秘鲁玛咖精片 80 片 / 瓶	"玛卡（玛咖）的营养成分：蛋白质含量为 10% 以上，59% 的碳水化合物；8.5% 的纤维内含锌、钙、铁、钛、钾等矿物质，脂肪含量不高，其中多为不饱和脂肪酸，亚油酸和亚麻酸的含量达 53% 以上"	经核实，上述数据未表明出处	6000
（1 号店）百菲酪水牛奶	"水牛奶含钙、铁、锌很高，是儿童大脑发育、增强记忆力、提高学习能力、维持食欲、增强免疫力、促进伤口愈合的理想牛奶"	缺乏相关依据	5000
（1 号店）静佳薰衣草茶树精油祛痘消印 2 件套	"小面积烫伤、刀伤、擦伤，以 2 ～ 3 滴滴于伤口处，几秒内疼痛消失，不会形成水泡，加速伤口愈合"	缺乏相应的依据	5000

这类案件仅发生在苏宁易购，且仅有一件。2014 年 11 月 11 日起至 2014 年 12 月 11 日，苏宁易购网站发布商品惠普彩色激光打印机 COLOR LASERJET CP1025 广告，并在广告中宣称商品是"全球体积最小的彩色激光打印机"。

江苏省南京市玄武区市场监管局认定，上述广告内容没有事实依据，是虚假宣传的行为。该局责令苏宁易购停止发布，要求以等额广告费用在相应范围内公开更正消除影响，并处 2000 元罚款。

6. 广告违背社会良好风尚

《广告法》规定：广告内容应当有利于人民的身心健康，促进商品和服务质量的提高，保护消费者合法权益，遵守社会公德和职业道德，维护国家的尊严和利益。广告不得有下列情形：……（五）妨碍社会公共秩序和违背社会良好风尚……

易迅是唯一违反此条规定的电商，数量也只有 1 件，案情为：2014年 11 月 8 日，易迅为吸引消费者，在微信平台上发布"有力度，才享受"广告，内容含有"常言道，脱光容易，高潮难！""易迅 11·11 来真的，不仅让你脱光，而且让你高潮迭起！"的宣传内容，并配与上述内容相一致的广告图片。这些表述违背了社会良好风尚。

需要注意的是，上述案件是在微信公众号上发布的，这是电商违法行为的一种新载体。随着"低头族"越来越多，电商也开始大力开拓基于手机平台诸如微信公众号、移动客户端的经营。相应地，很多违法经营行为开始体现在微信公众号、移动客户端上面，而电商对这类载体的合规管理尚未完全跟上。这应引起电商、第三方网店和执法机关的重视。

易迅上述违法广告行为被罚款 11980 元。

但对 1 号店类似的案件，执法机关适用了另外的规章进行处罚，见后文（本书第 87 页）论述。

违法广告处罚结果

对电商上述 6 种类型的广告违法案件，1995 年《广告法》规定均处以广告费用 1 倍到 5 倍的罚款。在实践中，不同地区的工商机关对不同的广告违法案件，行使了不同的自由裁量权。

上海市宝山市场监管局、江苏省南京市玄武区市场监管局在 3 件案件中，罚款标准都是 2 倍。

北京市工商局开发区分局在案件处理过程中，分别采用了 1 倍至5 倍的罚款标准，反映出该分局对不同的案件都很好地使用了自由裁量权。

北京市工商局朝阳分局对亚马逊使用绝对化用语广告案"责令停止在网上发布带有绝对化用语的广告，公开更正"（见"京工商朝处字

（2015）第 2947 号"），没有对亚马逊实施经济处罚。

当然，上述处罚标准已被新《广告法》的罚则所代替。新《广告法》也明确禁止上述 6 种广告违法行为，但规定了更加严厉的罚则。在此，我们将新《广告法》相应的经济处罚标准对照列出来，意在警示电

表 33　电商广告违法案件处罚标准分布表

涉案电商	违反条款	旧《广告法》罚款标准	实际罚款	执法机关	按新《广告法》罚款
京东	使用国家级、最高级、最佳等用语	没收广告费用，并处广告费用一倍以上五倍以下的罚款	1 倍、3 倍、5 倍	北京市工商局开发区分局	20 万元以上100 万元以下
亚马逊			无	北京市工商局朝阳分局	
苏宁易购			2 倍	南京市玄武区市场监管局	
易迅	妨碍社会公共秩序和违背社会良好风尚		2 倍	上海市宝山区市场监管局	
京东	对商品价格性能等表示不清楚	没收广告费用，可以并处广告费用一倍以上五倍以下的罚款	2 倍、4 倍	北京市工商局开发区分局	10 万元以下
京东	广告使用数据等应当真实、准确，并表明出处	没收广告费用，可以并处广告费用一倍以上五倍以下的罚款	2 倍	北京市工商局开发区分局	10 万元以下
京东	食品、酒类、化妆品广告内容必须符合卫生许可的事项，并不得使用医疗用语或者易与药品混淆的用语	没收广告费用，可以并处广告费用一倍以上五倍以下的罚款	4 倍	北京市工商局开发区分局	广告费用一倍以上五倍以下，无法计算或明显偏低的，处10 万元以上100 万元以下罚款
苏宁易购	广告不得含有虚假的内容，不得欺骗和误导消费者	以等额广告费用在相应范围内公开更正消除影响，并处广告费用一倍以上五倍以下的罚款	2 倍	南京市玄武区市场监管局	没收广告费用，并处三倍以上五倍以下的罚款，广告费用无法计算的，处 20 万元以上 100 万元以下的罚款

商和网店经营者加强广告内容审查把关，杜绝发生广告违法行为，特别
是上述 6 种广告违法行为。否则，会受到比过去不知高多少倍的罚款。

其他广告违法案件

除了上述类型案件外，还有一些较为特别的广告违法案件，且全部
集中在 1 号店。

1. 化妆品广告违法案件

同样为化妆品广告违法案件，同样是普通化妆品使用了医疗用语宣
称有治疗功效，北京和上海工商机关的处理不同。北京市工商局开发区
分局对京东都是适用《广告法》（见第 79 页），而上海市工商局自由贸
易试验区分局都是适用《化妆品广告管理办法》，处罚对象为 1 号店。

从表 34 可以看到，1 号店的化妆品广告违法案件主要有 3 类，其
中案件数量最多的违反《化妆品广告管理办法》第八条第（三）项，即

表 34 1 号店化妆品违法广告案件一览

《化妆品广告管理办法》条款	涉案化妆品	违法广告内容	处罚（元）
第八条第（一）项：化妆品广告禁止出现下列内容：……（一）化妆品名称、制法、成分、效用或者性能有虚假夸大的	"汉方玉颜"中药面膜	能帮助肌肤排除毛孔内的垃圾、铅汞、重金属沉淀	5000
	"美国帕玛氏"可可脂按摩膏	研究报告显示，有效提升 97% 女性的肌肤弹性、祛除色斑和瑕疵	5000
	"美芙美尚"卵巢保养精油皂	祛斑淡斑，美肤靓肤、调节女性生殖系统，促进卵巢功能，提高排卵质量	5000
	"莱薇尔"丰胸精油凝胶	30 天完美丰满翘挺、15 天冲破罩杯不做一手掌握的女人、15 天解决外扩、15 天改善粗糙暗沉、28 天改善松弛干瘪、30 天告别扁平小、1 周期解决下垂、40 天告别不对称、健康有效丰胸丰乳不反弹、按周期使用，完美丰胸不反弹	5000

续表

《化妆品广告管理办法》条款	涉案化妆品	违法广告内容	处罚（元）
第八条第（二）项：使用他人名义保证或者以暗示方法使人误解其效用的	"碧欧菲"DC霜 DC面膜	美肤达人使用心得分享 使用心得：试用了28天之后，皮肤好多了呀……皮肤白了很多。推荐、美肤达人使用心得分享 使用心得：把脸上的污垢通通排出……即使天天化妆也不用担心毛孔堵塞及宣传的图片展示治疗效果含有使用前后对比的画面	5000
第八条第（三项）：宣传医疗作用或者使用医疗术语的	莱薇尔壹力黑防脱洗发水	抑菌、具有对头皮及发质病变的特殊治疗作用	5000
	哈罗闪婴儿柔润护肤霜	杀菌消炎、抗敏	5000
	哈罗闪婴儿二合一沐浴洗发露	防止过敏、杀菌消炎	5000
	哈罗闪婴儿洗发露	杀菌消炎、抵御细菌	5000
	哈罗闪婴儿柔润护肤乳	抗菌抗敏、抑菌消炎	5000
	茶树精油	消炎杀菌祛痘 去头屑	10000
	静佳薰衣草茶树精油祛痘消印2件套	抗菌消炎、止痛消肿	5000
	波斯顿男士剃须保养礼盒套装	抗菌消炎保湿收毛孔	10000
	"欧珀兰黛"玫瑰蚕丝面贴膜	抑制黑色素形成、抗敏	5000

化妆品宣传医疗作用或者使用医疗术语，其中尤以抗菌消炎一词用得最多。数量居其次的违反该办法第八条第（一）项，即虚假夸大化妆品效用。另有违反该办法第八条第（二）项，表现在使用他人名义保证或者以暗示方法使人误解其效用。

在处罚方面，这些案件都是依据《化妆品广告管理办法》第十四条"广告客户或者广告经营者违反本办法第八条第（一）、（二）、（三）、

（七）项规定的，依据《广告管理条例施行细则》第二十三条规定予以处罚；……"的规定，依据《广告管理条例施行细则》第二十三条"广告经营者违反《条例》第十条规定的，视其情节予以通报批评、没收非法所得、处一万元以下罚款"的规定，有 2 件适用了上限 1 万元，其余 12 件均适用中限 5000 元的处罚。

2. 广告语言文字违法案件

2014 年 6 月 5 日，1 号店网站（www.yhd.com）上发布了"BAILE/ 百乐"成人用品广告，宣传语中有：黑魂名器成人用品自慰杯进口男性用品进口男用自慰器充气娃娃 1 个 16 岁幼女阴核 重 260 克 AV 界的顶尖角色阴道，并有图片。

上海市工商局自由贸易试验区分局认定上述广告含有违背社会良好风尚的内容，违反了《广告语言文字管理暂行规定》第四条"广告使用的语言文字应当符合社会主义精神文明建设的要求，不得含有不良文化内容"的规定。

该分局依照《广告语言文字管理暂行规定》第十四条"违反本规定第四条的，由广告监督管理机关责令停止发布广告，对负有责任的广告主、广告经营者、广告发布者可以处以 3 万元以下的罚款"的规定，责令当事人立即停止发布上述违法广告，并罚款 5000 元。

1 号店还有一件案例很特别，也给电商和网店带来深刻教训。

2014 年 10 月 1 日起，广州易盟品牌管理有限公司通过 1 号店网站（www.yhd.com），对外发布了果贝纤 PR90 溶脂火龙果水果酵素的广告。该广告中宣传的"溶脂の火龙果酵素"等内容，在同一广告语中夹杂使用了外国语言文字。

《广告语言文字管理暂行规定》第八条第二款规定：广告中如因特殊需要配合使用外国语言文字时，应当采用以普通话和规范汉字为主、外国语言文字为辅的形式，不得在同一广告语句中夹杂使用外国语言文字。广告中的外国语言文字所表达的意思，与中文意思不一致的，以中文意思为准。

1号店的上述行为，明显违反了这条规定。上海市工商局自由贸易试验区分局依据上述《暂行规定》第十五条"违反本规定其他条款的，由广告监督管理机关责令限期改正，逾期未能改正的，对负有责任的广告主、广告经营者、广告发布者处以1万元以下罚款"的规定，责令1号店立即停止发布上述违法广告，并罚款5000元。

电商网页广告中中英文混杂的现象并不少见。该案树立了一个标杆，电商和网店应当对这类违法广告进行清查。

3. 违反《广告管理条例》案件

电商作为网络市场的广告主屡屡违反广告法规，一个重要的原因是没尽到对入驻网店开展商品宣传进行内容把关的义务，有自营店的电商对其自营店内部营运人员发布广告没有尽到审查责任。

电商作为广告经营者，应受相关法规的规范，在广告活动中承担相应的义务。《广告管理条例》第十二条明确规定：广告经营者承办或者代理广告业务，应当查验证明，审查广告内容。对违反本条例规定的广告，不得刊播、设置、张贴。《广告管理条例施行细则》第二十五条规定了相应的罚则：广告经营者违反《条例》第十二条规定的，视其情节予以通报批评、没收非法所得、处三千元以下罚款……

运用此法规最典型的是上海市工商局自由贸易试验区分局。该分局分别于2014年12月18日、2015年1月23日、2015年4月10日、2015年7月8日，4次对1号店下发处罚决定书。每份文书中都在对1号店的相关广告违法行为进行并案处罚后，明确指出：当事人对以上广告内容没有履行查验有关证明文件，核实广告内容、审查广告内容，没有及时发现并制止违法广告发布的行为，违反了《广告管理条例》第十二条，依据《广告管理条例施行细则》第二十五条，处3000元罚款。

这些案件，警醒电商切实担起广告经营者的审查责任。无论是对自营商品还是对平台网店上的商品，电商都应建立健全广告内容审查机制，对其广告内容严格查验有关证明文件，核实广告内容、审查广告内容，及时发现并制止违法广告发布的行为，如此才能对内净化本网络平台上的广告，对外维护公平竞争的市场秩序，共同促进我国网络市场规范，实现可持续发展。

第五章　电商产品质量案件分析

自 1993 年 9 月 1 日起施行的《产品质量法》，经 2000 年、2009 年两次修订后一直沿用至今。工商、市场监管机关查处的有关电商产品质量违法的案件，基本上都是适用这部法律。

每户电商销售的商品种类都是数以万计。让人感到意外的是，7 户电商产品质量违法案件相对而言并不多，在抽样调查期内共发生 14 件（据违法行为而不是案件件数），在整个电商违法案件数中所占的比例并不高；相比电商数以万计的商品总量看，此类案件就更少了。

尽管也可能存在一些没被发现、没被查处的产品质量问题，但上述数据还是充分说明，至少京东、亚马逊、当当、1 号店、国美在线、易迅、苏宁易购这 7 户电商的产品质量还是比较让人放心的。

产品质量违法案件涉案电商

这类案件尽管数量少，但涉案电商多。调查的 7 户电商中，有 6 户涉及产品质量违法案件，分别是京东、亚马逊、当当、1 号店、国美在线、易迅，没有见到苏宁易购有此类案件记录。其中，1 号店的产品质量违法案件数量最多，有 4 件，占自身案件的 25%。亚马逊和国美在线各为 3 件，均各占自身案件数的 21.4%。易迅为 2 件。京东和当当各只有 1 件。

产品质量违法案件性质

本书提醒各电商：应当对《产品质量法》第三十九条给予格外的重视。从表 38 看，违反这一法条，以不合格产品冒充合格产品一类的质量违法案件数量最多，共有 9 件，占到产品质量违法案件数的 64.3%。

这表明，电商应当重点防范商品掺杂、掺假，以假充真、以次充好，以不合格产品冒充合格产品等行为。这类案件，以 1 号店和国美在线居多，尤其是国美在线，其 3 件产品质量违法案件全属此类性质。

有 3 件案件违反了《产品质量法》第十三条。该法条内容为：禁止生产、销售不符合保障人体健康和人身、财产安全的标准和要求的工业产品。

违反《产品质量法》第三十五条和第三十八条的各有 1 件。其中的违法性质，前者为销售国家明令淘汰并停止销售的产品和失效、变质的产品，后者为伪造或者冒用认证标志等质量标志。

表 38　电商产品质量案件违法性质分布表

	《产品质量法》第十三条	《产品质量法》第三十五条	《产品质量法》第三十八条	《产品质量法》第三十九条	《流通领域商品质量抽查检验办法》第二十一条
法条内容	禁止生产、销售不符合保障人体健康和人身、财产安全的标准和要求的工业产品	销售者不得销售国家明令淘汰并停止销售的产品和失效、变质的产品	销售者不得伪造或者冒用认证标志等质量标志	销售者销售产品，不得掺杂、掺假，不得以假充真、以次充好，不得以不合格产品冒充合格产品	对经抽检并依法认定为不合格商品的，工商行政管理部门应当责令被抽样的经营者立即停止销售；消费者要求退货的，经营者应当负责退货

续表

	《产品质量法》第十三条	《产品质量法》第三十五条	《产品质量法》第三十八条	《产品质量法》第三十九条	《流通领域商品质量抽查检验办法》第二十一条
当当				1	
京东	1				
亚马逊			1	1	1
1号店	1			3	
国美在线				3	
易迅		1		1	
合计	2	1	1	9	1

此外，还有 1 件案件违反了《流通领域商品质量抽查检验办法》第二十一条，其性质为不按工商行政管理部门责令立即停止销售。

产品质量违法案件表现形式

纵观电商产品质量违法案件，一个共同的特点是，由执法机构联合具有资质的检测机构，对电商销售的商品进行抽样检测，最后由检测机构判为不合格、由执法机构进行处罚。如果电商对检测结果有异议，均可申请复检。这既保障了电商的权益，也使执法工作更具有公信力。

1. 以不合格产品冒充合格产品

在 9 件产品质量不合格案件中，表现形式主要是被抽检的商品在性能、标志和说明方面不合格。执法机关均以不合格产品冒充合格产品对案件定性。

涉案商品明显以电器居多，如 SR6BX 型洗之朗智能座便器，荣事达加湿器，北京日创多士炉，TCL 牌、欧科牌、荣事达牌家用榨油机，巧太太抽油烟机，飞利浦电源转换器、欧亚插座、QIC牌USB充电插座等。非电器商品有开达卫生纸、乐途品牌男鞋等。

在5户电商的9件不合格案件中，亚马逊有1件是执行标准不合格，该行为也违反了《产品质量法》第十三条第二款"禁止生产、销售不符合保障人体健康和人身、财产安全的标准和要求的工业产品"的规定。然而，因为执法机关在处罚决定书中认定当事人违反了《产品质量法》第三十九条，因此我们也把该案列入"以不合格产品冒充合格产品"案件中，而没有列入《产品质量法》第十三条的表现形式中。

表39 电商不合格产品冒充合格产品案件表现形式

涉案电商	涉案产品	违法表现
京东	乐途品牌型号规格为ELFE033-4的男鞋、乐途品牌型号规格为ELLE021-1的男鞋商品、荣事达品牌型号规格为RS—V83的加湿器、北京日创品牌型号规格为RC—DS1的多士炉	1. 乐途ELFE033-4男鞋商品，由国家轻工业鞋类皮革毛皮制品质量监督检测认定底墙与帮面剥离强度项目不符合GB/T 15107-2005《旅游鞋》及实施细则要求，判定为不合格。 2. 乐途ELLE021-1男鞋商品，由国家轻工业鞋类皮革毛皮制品质量监督检测成鞋耐折性能（预割口5mm，连续屈挠4万次，裂口长度mm）项目不符合GB/T 1002-2005《皮鞋》及实施细则要求，判定为不合格。 3. 荣事达RS—V83加湿器商品，经上海电气器具检验测试所出具检验报告判定结构不符合国家标准（GB4706.1-2005《家用和类似用途电器的安全 第1部分：通用要求》、GB4706.48-2009《家用和类似用途电器的安全 加湿器的特殊要求》、《2013年第三季度家用小电器（网络购物）商品质量监测抽查实施细则》）。 4. 北京日创RC—DS1多士炉商品，经上海电气器具检验测试判定电源连接和外部软线不符合国家标准（GB4706.1-2005《家用和类似用途电器的安全 第1部分：通用要求》、GB4706.14-2008《家用和类似用途电器的安全 烤架、面包片烘烤器及类似用途便携式烹饪器具的特殊要求》、《2013年第三季度家用小电器（网络购物）商品质量监测抽查实施细则》）。

续表

涉案电商	涉案产品	违法表现
1号店	开达卫生纸	上海市质量监督检验技术研究院出具检验报告，判定该产品的"柔软度"项目不符合国家标准 GB 20810-2006 卫生纸，综合判定为不合格。当事人无异议，并立即对不合格商品作下架处理。
	SR6BX 型洗之朗（智能座便器）	上海电气器具检验测试所出具该商品不合格的检验报告。不合格项目如下：标志和说明：说明书应包括身体、感知、智力能力缺陷或检验和常识缺乏的人（包括）儿童的使用说明，以及儿童不应玩耍器具——不通过；对于由可拆除软管组件连接水源的器具，使用说明书中应声明使用随器具附带的新软管组件，旧软管组件不能重复利用——不通过；使用说明和本部分要求的其他内容，应使用此器具销售地所在国的官方语言文字写出。当事人无异议。
国美在线	TCL 牌 TM-RA302A 型号家用榨油机	上海电气器具检验测试所出具样品不合格的检验报告，当事人认同。
	欧科牌 OKZY-802A 型号家用榨油机	上海电气器具检验测试所出具样品不合格的检验报告，当事人认同。
	荣事达牌 RS-FY100B 型号家用榨油机	上海电气器具检验测试所出具了样品不合格的检验报告，，当事人认同检验结果。
易迅	巧太太抽油烟机 a338-w	上海消保委抽检，认定为发热不合格，当事人无异议。
当当	13 款商品为不合格商品（自营商品 6 组，平台商户商品 7 组）	执法人员分别会同检测机构对当当平台商户商品进行了抽样检查，共抽检自营商品 21 组和平台商户商品 10 组，经检测机构检验，判定其中 13 款商品为不合格商品（自营商品 6 组，平台商户商品 7 组）。当事人对其中一款不合格商品天堂伞的检测结果提出异议，经检测机构复检，该款商品最终被判定为不合格商品，当事人无异议。
亚马逊	飞利浦 SPS1330C/93 电源转换器、欧亚 OY-bT4bp3k8 位电视节能插座 +6 位电脑节能插座、QIC 牌 HP2A4UUSB 充电插座	举报人反映三款商品未标注产品执行标准编号，且均为万用孔，违反 GB2099.3-2008 家用和类似用途插头插座国家标准，经调查情况属实。

2. 不符合标准和要求

在京东和1号店被认定为生产销售不符合标准和要求商品的案件中，涉案商品也均为电器。具体表现形式，主要是输入功率和电流、接地措施、稳定性和机械危险、标志和说明、电源连接和外部软线等方面不符合相关标准和要求。

表 40　电商销售不符合标准商品案件表现形式

涉案电商	涉案商品	表现形式
京东	广博 NB-1888 3 米防雷插座	经国家家用电器质量监督检验中心出具的复检号检验报告认定为不合格商品。
1号店	春笑蒸汽熨衣美容机、卓朗（ZoomLand）挂烫机、Romingo 电吹风、容声电吹风	1. 春笑 CX-108 蒸汽熨衣美容机。经上海市家用电器质量监督检验站出具检验报告，判定"输入功率和电流"及"接地措施"项目不符合国家标准（GB4706.1-2005、GB4706.84-2007）及《2014 年上海市织物蒸汽机产品质量监督抽查实施细则》，综合判定为不合格（严重质量问题）。 卓朗（ZoomLand）YD-23 挂烫机。经上海市家用电器质量监督检验站出具检验报告，判定"稳定性和机械危险"项目不符合国家标准（GB4706.1-2005、GB4706.84-2007）及《2014 年上海市织物蒸汽机产品质量监督抽查实施细则》，综合判定为不合格（严重质量问题）。 2.Romingo 品牌型号规格为 RH5712 的电吹风，经上海市电动工具质量监督检验站出具检验报告，判定"标志和说明、电源连接和外部软线"项目不符合国家标准（GB4706.1-2005、GB4706.15-2008）及《2014 年上海市皮肤及毛发护理器具产品质量监督抽查技术规范》，综合判定为不合格。 3. 容声 RS-616 电吹风，经上海市电动工具质量监督检验站出具检验报告，判定该产品的"标志和说明、输入功率和电流"项目不符合国家标准（GB4706.1-2005、GB4706.15-2008）及《2014 年上海市皮肤及毛发护理器具产品质量监督抽查技术规范》，综合判定为不合格。 　当事人对检测结果无异议，并立即作下架处理。综上所述，上述 4 种不合格商品总违法所得 36857 元。 　当事人提交了补充申辩书，对陈述、申辩的内容作了进一步说明，主要陈述了当事人在案发后积极开展企业内部整改的具体措施及进展。

3. 销售国家明令淘汰的产品

这类案件仅见于易迅。

《产品质量法》第三十五条规定，销售者不得销售国家明令淘汰并停止销售的产品和失效、变质的产品。

2013 年 3 月 19 日起，易迅公司购入 AP-WS102/Pro 安捷宝遥控插座，在易迅上对外销售。该插座的销售网页上的实物照片显示该遥控插座系数年前市场上俗称的万用插孔，不符合国家标准 GB 2099.3-2008 和 GB1002-2008 中的有关强制性规定。当事人对外销售的前述遥控插座，都是在 2010 年 6 月 1 日后生产的产品，系国家标准化管理委员会在 2010 年 5 月 31 日答复中国电器工业协会的《关于国家标准 GB 2099.3-2008〈家用和类似用途插头插座 第 2 部分：转换器的特殊要求〉建议的复函》中明确认定为不合格产品。

4. 伪造或冒用认证标志等质量标志

这类案件仅见于亚马逊。

《产品质量法》第三十八条规定，销售者不得伪造或者冒用认证标志等质量标志。

2014 年 11 月 14 日，北京市工商局朝阳分局接到举报，反映亚马逊网上冒用中国名牌产品认证标志销售"好孩子"童车。经查实，亚马逊冒用中国名牌产品认证标志，销售型号为 JB1652Q2-K122D3 好孩子自行车 3 辆、型号为 W437-H302 电动车 2 辆、型号为 GB08-H-L307RP 紫色（0-3 岁）婴儿推车 4 辆、型号为 W437-H301 电动车 3 辆、型号为 JB1252Q-K121D 自行车 2 辆及型号为 LC115T-G211 小龙哈彼推车 8 辆，货值 10738 元，获利 1046.79 元。

5. 拖延执行停止销售缺陷商品的通知

亚马逊出现了这类案件。该案从表现形式到适用罚则都比较独特，后文将对其中适用的罚则另行分析。

就表现形式而言，这种行为就是收到停止销售不合格商品的通知书后，仍然销售该商品。从表41可以看到，有的电商如1号店在接到商品不合格的检测报告后，立即主动将不合格商品下架，但亚马逊有一次在收到检测报告，甚至在收到工商机关的责令停止销售的通知后，由于种种原因没有下架，且持续销售了20余天，结果被认定为拖延执行工商机关责令对缺陷商品停止销售的要求，被处以罚款。

2014年5月29日，北京市工商局组织朝阳分局，对亚马逊购物网站上销售的规格为U-520G、商标为HotFire的USB电源适配器进行商品质量抽查。1个月后即2014年7月2日，朝阳工商分局收到北京市电子产品质量检测中心出具的检验报告，检验结论为"经抽样检验，连接装置一项不符合GB4943.1-2011《信息技术设备安全 第1部分：通用要求》，检验结论为不合格。收到检测报告的第二天即2014年7月3日，朝阳分局向当事人送达了检测报告，并依据《流通领域商品质量抽查检验办法》第二十一条，制发了责令改正通知书，责令亚马逊立即停止销售该款不合格商品。亚马逊作了签收。但是截止到2014年7月25日，亚马逊在收到责令停止销售通知书20多天后，仍然在销售不合格商品。

朝阳工商分局认为，亚马逊已构成拖延工商机关责令当事人对缺陷商品采取停止销售措施的行为，并对违法行为进行了处罚。

产品质量案件处罚分析

对电商的产品质量违法案件，工商机关基本上都采取了法定范围内的较低幅度的处罚。

唯一比较特别的案件，是北京市工商局朝阳分局对亚马逊伪造或冒用认证标志等质量标志案件的处罚幅度较高，采取了法定的最高限。究其原因，可能是因为在该案中，亚马逊违法的主观故意较为明显。

所有产品质量违法案件的处罚结果，都充分体现了工商机关宽严相济、以教育为主、以处罚为辅的执法理念。

表 41　电商不合格产品冒充合格产品案件处罚幅度

（单位：元）

电商	货值	没收违法所得	罚款	罚款为货值倍数	处罚机关
当当		2308.67	8555.6		北京市工商局东城分局
亚马逊	2659.53	229.89	2659.53	1 倍	北京市工商局朝阳分局
1 号店	14016.2		14016.2	1 倍	上海市浦东新区市场监督管理局
	104119.83	2210.26	52059.92	50%	
	19491		29236.5	1.5 倍	
国美在线	2960	592	2960	1 倍	上海市嘉定区市场监管局
	10281	345	10281	1 倍	
	43601.1	1148.9	21800.55	50%	
易迅	11990		11990	1 倍	上海市宝山区市场监管局

1. 对以不合格产品冒充合格产品案件的处罚

《产品质量法》第五十条规定，在产品中掺杂、掺假，以假充真，以次充好，或者以不合格产品冒充合格产品的，责令停止生产、销售，没收违法生产、销售的产品，并处违法生产、销售产品货值金额百分之五十以上三倍以下的罚款；有违法所得的，并处没收违法所得；情节严重的，吊销营业执照；构成犯罪的，依法追究刑事责任。

依照上述规定，从表 41 看，工商机关基本上执行 1 倍的罚款，对少数案件采取 1.5 倍罚款，也有些案件采取货值 50% 的罚款。总之，这类案件处罚区间在货值 50%~150% 之间，但以 1 倍居多。

2. 对不符合标准和要求案件的处罚

对不符合标准和要求案件的处罚根据，是《产品质量法》第四十九条：生产、销售不符合保障人体健康和人身、财产安全的国家标准、行业标准的产品的，责令停止生产、销售，没收违法生产、销售的产品，并处违法生产、销售产品（包括已售出和未售出的产品，下同）货值金额等值以上三倍以下的罚款；有违法所得的，并处没收违法所得；情

表 42　电商不符合标准案件处罚幅度

（单位：元）

涉案电商	货值	没收违法所得	罚款	罚款为货值倍数	处罚机关
京东	17094	2375	17094	1 倍	北京市工商局开发区分局
1 号店	36857	2919.3	62656.9	1.7 倍	上海市浦东新区市场监管局

节严重的，吊销营业执照；构成犯罪的，依法追究刑事责任。

对这类案件，法定的处罚起点要高一些，是货值金额等值以上三倍以下的罚款。

相比法定最高限的处罚幅度，在实践中，北京市工商局开发区分局采取的是等值 1 倍，而上海市浦东新区市场监督管理局采取 1.7 倍。总的来说幅度都不高，最高也只在法定幅度的中限附近。

3. 对销售国家明令淘汰产品案件的处罚

生产国家明令淘汰的产品的，销售国家明令淘汰并停止销售的产品的，责令停止生产、销售，没收违法生产、销售的产品，并处违法生产、销售产品货值金额等值以下的罚款；有违法所得的，并处没收违法所得；情节严重的，吊销营业执照。这是《产品质量法》第五十一条的规定。

前述的易迅的安捷宝遥控插座一案中，货值金额为 95819.27 元，违法所得为 15050.66 元。上海市宝山区市场监管局对其处以 2 万元罚款，不到货值的 21%。

4. 对伪造或冒用认证标志等质量标志案件的处罚

《产品质量法》第五十三条规定：伪造产品产地的，伪造或者冒用他人厂名、厂址的，伪造或者冒用认证标志等质量标志的，责令改正，没收违法生产、销售的产品，并处违法生产、销售产品货值金额等值以下的罚款；有违法所得的，并处没收违法所得；情节严重的，吊销营业执照。第三十八条规定，销售者不得伪造或者冒用认证标志等质量标志。

亚马逊的前述案件中，货值金额 10738 元，获利 1046.79 元。北京市工商局朝阳分局处以 10738 元的罚款，即采取了货值金额等值这一法定最高限，部分原因大概是亚马逊主观故意违法较为明显。

5.对拖延执行责令缺陷商品停止销售通知案件的处罚

本书第 97 页分析过，这类案件从表现形式到适用罚则都比较独特。其适用罚则为《消费者权益保护法》第五十六条第七款：有下列情形之一，除承担相应的民事责任外，其他有关法律、法规对处罚机关和处罚方式有规定的，依照法律、法规的规定执行；法律、法规未作规定的，由工商行政管理部门或者其他有关行政部门责令改正，可以根据情节单处或者并处警告、没收违法所得、处以违法所得一倍以上十倍以下的罚款，没有违法所得的，处以五十万元以下的罚款；情节严重的，责令停业整顿、吊销营业执照：……（七）拒绝或者拖延有关行政部门责令对缺陷商品或者服务采取停止销售、警示、召回、无害化处理、销毁、停止生产或者服务等措施的……

在亚马逊的这类案件中，北京市工商局朝阳分局依据上述规定，对亚马逊拖延执行工商机关责令对缺陷商品停止销售要求的违法行为，处以 1 万元的罚款。相比法规中 50 万元的上限，这个处罚幅度还是相当低的。

第六章　电商消费侵权案件分析

2014 年 3 月 15 日，新《消费者权益保护法》正式施行。

新《消法》在第二章赋予了消费者 8 项权利，在第三章规定了经营者的 13 项义务。该法的显著特点，一是以专章规定消费者的权利，表明该法以保护消费者权益为宗旨，列举的消费者权利有 8 项之多。二是特别强调经营者的义务。规定经营者与消费者进行交易时应当遵循自愿、平等、公平、诚实信用的原则，并以专章规定了经营者对特定消费者以及社会公众的义务。三是鼓励、动员全社会为保护消费者合法权益共同承担责任，对损害消费者权益的不法行为进行全方位监督。

新《消法》实施后，电商在哪些方面容易发生消费侵权违法行为？常违反哪些条款？其表现形式是怎么样的？本章对此展开分析研究。

消费侵权涉案电商

此次调查，发现有京东、亚马逊和易迅 3 户电商发生了 8 件消费侵权违法案件。令人意外的是，京东作为电商龙头之一，违法案件总数最多，共 234 件，但其中的消费侵权案件很少，只有 2 件，占比还不到

0.9%。反而是案件总数只有 11 件的易迅在这方面问题最突出，其消费侵权案件最多，有 4 件，占到易迅案件总数的 36%。

另外，亚马逊有 2 件涉及消费侵权，约占其案件总数的 14.3%。但就是这 2 件案件，在亚马逊乃至整个电商行业中引起轩然大波。

电商消费侵权案件违法性质

电商 8 件消费侵权案件中，有 6 件适用了新《消法》查处。这 6 件案件有一个突出的特征，即电商只违反了新《消法》规定的 13 项义务中的 2 项，分别是第二十条和第二十五条，其他 11 项义务尚不见有案件涉及。

违反《侵害消费者权益行为处罚办法》和《欺诈消费者行为处罚办法》规定的案件各有 1 件。其中，《欺诈消费者行为处罚办法》已于 2015 年 3 月 15 日起废止，取而代之的是《侵害消费者权益行为处罚办法》。

从表 35 可以看出，电商消费侵权案件的性质，集中在违反《消费者权益保护法》第二十条第一款，多为电商（网店名称）作虚假或者引人误解的宣传，这类案件共有 5 件。像易迅的 4 件消费侵权案件，全是这类性质。亚马逊也有 1 件案件属这种性质。

另外 3 件中，有 1 件是亚马逊涉及"七日无理由"退货，另外 2 件都是京东收取了消费者的价款但没发货。亚马逊也有 1 件类似案件，因统计时该案文书尚未进入公示系统，故未列入表 35 中，详见第 115 页。

电商消费侵权案件表现形式

1. 作虚假或者引人误解的宣传

《消费者权益保护法》第二十条第一款规定：经营者向消费者提供

表 35 电商消费侵权案件违法性质分布表

违反条款	《消费者权益保护法》第二十条第一款	《消费者权益保护法》第二十五条第一款	《侵害消费者权益行为处罚办法》第五条第（十）项	《欺诈消费者行为处罚办法》第三条第一款第（十三）项
法条内容	经营者向消费者提供有关商品或者服务的质量、性能、用途、有效期限等信息，应当真实、全面，不得作虚假或者引人误解的宣传	经营者采用网络、电视、电话、邮购等方式销售商品，消费者有权自收到商品之日起七日内退货，且无需说明理由，但下列商品除外……	经营者提供商品或者服务不得有下列行为：……（十）骗取消费者价款或者费用而不提供或者不按照约定提供商品或者服务。	经营者在向消费者提供商品中，有下列情形之一的，属于欺诈消费者行为：……（十三）以其他虚假或者不正当手段欺诈消费者的行为。
京东			1	1
亚马逊	1	1		
易迅	4			
合计	5	1	1	1

有关商品或者服务的质量、性能、用途、有效期限等信息，应当真实、全面，不得作虚假或者引人误解的宣传。

从案件看，易迅和亚马逊的 5 件案件中，虚假或引人误解的宣传内容分别为产地、尺寸、价格、性能、材质这 5 个方面，涉案商品有电饭煲、尼康（Nikon）D4 单反机身、苹果（APPLE）iphone 5S 和卡西欧手表及促销活动。而电饭煲、尼康（Nikon）D4 单反机身、苹果（APPLE）iphone 5S 和卡西欧手表都属于电子产品。这说明，功能较复杂、需要借助说明书操作的电子产品，违反《消费者权益保护法》第二十条第一款规定、作虚假或者引人误解的宣传的概率最高，特别是尺寸、性能和材质三方面。

另外，促销活动中的价格问题，也是电商违反《消费者权益保护法》第二十条第一款规定作虚假或者引人误解的宣传的高发地。这其中又分两种情况：一种是宣传的价格信息，与促销活动中的实际价格不符；另一种情况是在促销活动中，有多款并未按照宣传的价格信息进行

表 36　电商作虚假或引人误解的宣传案件表现形式

电商	涉案商品	违法事实	罚款（元）
亚马逊	CASIO 卡西欧 EDIFICE 系列电波男士手表 EQW_T610DB_1ADR	宣传表镜材质为"蓝宝石玻璃"。经卡西欧（中国）贸易有限公司出具的情况说明证实：消费者购买的 CASIO 卡西欧 EDIFICE 系列电波男士手表 EQW_T610DB_1ADR 表镜材质实际为"矿物质玻璃"。	50000
易迅	虎牌（Tiger）JBA-B18C 微电脑多功能电饭煲日本标准 1.8L/ 国内标准 5L 12 小时保温	在电饭煲的图片的右上角标注"进口"字样，与其国内生产制造的事实情况不符。至案发，当事人销售该商品 234,547.46 元。	20000
	尼康（Nikon）D4 单反机身	在销售网页上的"规格参数"栏目内，"屏幕尺寸"标注为"3.0 英寸"，与 3.2 英寸的事实情况不符。至案发，当事人销售额 39,389.00 元。	20000
	开展 10 个商品促销活动	1. 促销宣传用语"手机大爆破 直降1000 元"；2. 促销宣传用语"小家电引爆红 6 月 爆款家电 3 折清仓"；3. 促销宣传用语"清凉一夏家电养生堂 5 折开抢"；4. 促销宣传用语"易迅京东店百万家电放量疯抢""大牌电视机店庆降 2000""冰箱洗衣机 8 折先抢的""空调 8 折先抢"；5. 促销宣传用语"夏不为利 家电先降 冰点价 3 折起""小家电 3 折先抢""电视影音直降2000 年中最低价"；6. 促销宣传用语"夏不为利 金装家电 五折来袭"；7. 促销宣传用语"厨卫巅峰惠 5 折暴走 直降1000"；8. 促销宣传用语"3 折狂欢，你是我的小啊小家电，怎么爱你都不嫌贵"；9. 促销宣传用语"破冰家电重生 5 折来袭"；10. 促销宣传用语"暑期嘉年华 数码 3 折抢"。上述价格信息，与促销活动的实际情况不符，有多款其他商品未按照宣传用语表述的价格信息进行促销。至案发，当事人系列促销活动违法经营额为人民币 50 万元以上。	20000
	苹果（APPLE）iphone 5S 16G 版公开版4G 手机(金色）TD-LTE/TD-SCDMA/WCDMA	网页上的"规格参数"栏目内，表述前述手机具有"FM 收音"的"高级功能"，与事实上前述手机需要安装第三方收音机软件后才能实现"FM 收音"的功能的事实情况不符。	

促销。前者是指商品价格优惠幅度不实，后者是指参加促销商品范围不实，电商的宣传用语要么是虚假，要么是引人误解，最后都因违反《消费者权益保护法》第二十条第一款的规定被查处。

2. 不执行"七日无理由退货"规定

《消费者权益保护法》第二十五条规定：经营者采用网络、电视、电话、邮购等方式销售商品，消费者有权自收到商品之日起七日内退货，且无需说明理由，但下列商品除外……

该条规定简称为"七日无理由退货"。在这方面，绝大多数电商遵守得很好，但亚马逊成为一个反面典型。

2014 年 8 月 21 日，有消费者在北京世纪卓越信息技术有限公司的网上（www.amazon.cn，即亚马逊网上购物商城），下单付款购买了 29 张"月饼礼券（北京提货券）"作为赠送亲朋的礼物，当年 8 月 25 日到货。28 日开封后，消费者发现其中 11 张为上海提货券且注明为"本券仅限上海地区使用"。消费者立即打电话给亚马逊客服，并发邮件要求退换货。亚马逊先告知要请示，继续拖延。到 9 月 5 日，被举报人（即亚马逊）发邮件称该礼券属于食品类，不予退货。9 月 18 日，经北京市工商局朝阳分局调解无果。

至此，亚马逊已涉嫌故意拖延或者无理由拒绝消费者依法提出的退货请求，朝阳工商分局执法人员遂介入调查。

据调查，亚马逊购进哈根达斯冰淇淋月饼圆满臻萃礼券 10 张，每张进价 248 元，对外销售价为每张 268.5 元，已售出 10 张，获利 205 元；购进哈根达斯冰淇淋月饼七星伴月礼券 1 张，每张进价 333 元，对外销价每张 358.5 元，已售出 1 张，获利 25.5 元。

朝阳工商分局最终认定，亚马逊的行为违反了《消费者权益保护法》第二十五条第一款的规定，构成对消费者依法提出的要求故意拖延或者无理拒绝的违法行为，依法对亚马逊进行了处罚。

此前，亚马逊已有类似案例。

2014 年 3 月 27 日，消费者吴某在亚马逊网站（www.amazon.cn）购买一款"House of harlow 1960 哈露时装屋卡其色皮革双太阳水晶项链 N000510K"商品，订单号为：C02-5295732-2324868，价格为：人民币 638.4 元，并支付货款。2014 年 3 月 30 日消费者收到货品，包裹单号为：11111831564375，商品为透明包装，由于不喜欢该商品款式和颜色，在商品完好、未拆封包装的情况下，于 2014 年 3 月 31 日致电亚马逊客服，要求退货。

亚马逊客服以消费者违反其购物网站上公示的"商品的退换货政策"中"高于 300 元的珠宝首饰类商品不予退换"的规定为由拒绝退货。而消费者在电话中指出该规定违反新《消法》，且商品未拆封，坚持要求协商退货。亚马逊客服答应进行登记申请。

2014 年 4 月 2 日，亚马逊客服回电称，公司认为根据其退换货政策不予退货，并明确表示不予协商。消费者于 2014 年 4 月 3 日向北京市 12315 投诉举报中心进行了投诉，亚马逊客服又于 2014 年 4 月 5 日致电消费者坚持不予退货。2014 年 4 月 8 日，北京市工商局朝阳分局高碑店工商所对双方当事人进行调解，亚马逊客服依然坚持不予退货，双方无法达成一致意见，调解终止。高碑店工商所拟进行投诉转立案处理。消费者于 4 月 11 日通过 12315 进行了举报，并于 4 月 15 日进行了书面说明，高碑店工商所于 2014 年 4 月 15 日正式立案。

经过调查，朝阳工商分局认定，亚马逊网站违反了新《消法》第二十五条的规定，即违反非现场购物七日无理由退货的规定，构成了对消费者提出的合法要求"故意拖延或者无理拒绝"的行为。2014 年 5 月 28 日，朝阳工商分局依据《消法》第五十六条的规定，对亚马逊下达京工商朝处字（2014）第 1794 号行政处罚书，予以行政处罚：没收违法所得 159.6 元，罚款 478.8 元。

亚马逊网站拒绝对上述水晶项链执行新《消法》关于七日无理由退

货的规定，堪称新《消法》实施后电商故意拖延或者无理拒绝退货第一案。关于此案查办过程，我们作了详细的采访，了解到以下办案过程：

朝阳工商分局对此案立案后，分三步查办。一是收集了相关证据：（1）向消费者收集了购物的相关凭证，消费者与亚马逊网站之间关于退货、对方拒绝的文字说明、网上交流截图等材料，商品完好的相关材料；（2）收集了调解过程的相关材料，包括亚马逊网站提交的不予退货的情况说明、《终止消费者权益争议调解告知书》等材料；（3）从亚马逊网站上截取该网站公示的"商品的退换货政策"的截屏材料；（4）对亚马逊网站负责人进行的询问笔录。二是对亚马逊网站"不予消费者退货行为"的性质予以研判，并确定违反条款。三是对亚马逊网站下达处罚决定。

据工商执法人员当时调取的亚马逊网站公示的"商品的退换货政策"内容如下：

商品的退换货政策

亚马逊承诺，保持出售时的原状且配件齐全的商品可自商品送达之日起7日或30日内（视不同商品品类而定）享受无理由全款退货，但以下特殊商品除外：

·消费者定做的商品；

·鲜活易腐类商品；

·在线下载的音像、软件、游戏、应用等数字化商品（但Kindle电子书除外）；

·已拆封或已使用的影视、音乐及教育音像类商品、软件及游戏类商品等数字化商品；

·食品类母婴商品、食品类商品、酒类商品、食品类宠物商品；

·美容化妆类商品、美容类宠物商品；

·个护健康类（医疗器械类除外）以及血糖仪及血糖试纸类商品；

·已拆封或已使用的办公耗材、电动工具和车用油商品；

·带有与通信运营商的服务合约的手机（即合约机）；

·售价（指商品正常销售价格，非参加秒杀或者其他促销活动后的支付金额）高于 500 元的钟表类商品；售价（指商品正常销售价格，非参加秒杀或者其他促销活动后的支付金额）高于 300 元的珠宝首饰类商品；

·其他根据商品性质不适宜退换货，经您在购买时确认不宜退换货的商品。

执法人员认为，从以上内容和经营者在处理退货时的行为看，亚马逊网站存在以下违法事实：

（一）亚马逊网站公示"不予无理由退货"的范围超出了新《消法》的规定。

新《消法》第二十五条第一款规定了七日无理由退货的范围，即"经营者采用网络、电视、电话、邮购等方式销售商品，消费者有权自收到商品之日起七日内退货，且无需说明理由，但下列商品除外：（一）消费者定作的；（二）鲜活易腐的；（三）在线下载或者消费者拆封的音像制品、计算机软件等数字化商品；（四）交付的报纸、期刊。"

显然，当时亚马逊网站公示的内容中，至少其第 5 到第 10 项已超出了法律的规定（《消法》只规定了 4 项），明显缩小了消费者行使权利的范围，不利于消费者退货。

（二）亚马逊网站公示的"不予无理由退货"的范围是经营者自行规定的格式条款。

新《消法》第二十五条第二款规定了不适用无理由退货的例外情形，即："除前款所列商品外，其他根据商品性质并经消费者在购买时确认不宜退货的商品，不适用无理由退货。"

从亚马逊网站公示的"不予无理由退货"的范围看，该网站对"根据商品性质"进行了自我解读和规定，将食品类、美容化妆类、个护健康类及部分医疗器械类商品、合约机、正常售价 500 元以上的钟表类和 300 元以上的珠宝首饰类商品等，划入到不适用"无理由退货"之列，并用格式合同的形式公示并强行推行。

（三）亚马逊网站对自定"不宜退货"商品在销售时缺少法律规定的必要环节。

亚马逊网站在销售自定的"不宜退货"商品时，没有按照新《消法》第二十五条第二款规定的"并经消费者在购买时确认"执行，就以格式合同方式单方面强行规定了"不予无理由退货"的范围，不经与消费者协商和确认就予以执行，剥夺了法律明文赋予消费者的协商权利，是一种不公平交易行为，是一种违法行为。

（四）亚马逊网站对自身违法行为不予改正，却无理拒绝消费者的合法要求。

在消费者按照新《消法》赋予的权利提出"无理由退货"的合法要求时，该网站对自己的违法行为不进行改正，不及时纠正错误、按照消费者的要求予以退货，反而以不合法的自定的"商品的退换货政策"为由，拒绝给消费者退货，已构成"故意拖延或者无理拒绝"的违法事实。

从以上情况看，该案的基本事实如下：

（1）消费者购买的商品为首饰类商品，不属于法律明确规定的 4 类"不予七日无理由退货"商品的范围；

（2）亚马逊网站以格式合同方式，单方面强行规定"不适用无理由退货"范围，且未"经消费者在购买时确认"而销售了商品；

（3）商品在交付给消费者后，消费者未打开包装，商品完好，符合法定的予以退货的商品条件；

（4）消费者在 7 日内（收到货物的第二天即 3 月 31 日）向亚马逊网站要求退货，符合法定的无理由退货的期限要求；

（5）消费者于3月31日、4月2日、4月5日与亚马逊网站对退货进行了多次沟通，高碑店工商所又于4月8日对此事进行了调解，但亚马逊均没有给消费者退货。

在与消费者沟通及在行政调解过程中，该网站对不予以退货的理由进行了辩解，称：网站内公示了"不予七日无理由退货"的政策，明确规定"高于300元的珠宝首饰类商品不予退换"，已经完成了经营者的告知义务，告知消费者其购买商品的特殊性，消费者应该知道其购买的商品一旦收货就不予以退换。

亚马逊的这一辩解，看似符合《消法》的规定，实际上这是该网站以单方面告知的格式合同形式代替与消费者协商的义务，未经消费者确认。这是对法律法规的明显曲解，是无效的。在网络购物环节，对"不予七日无理由退货"的商品实行"逐单确认"并非难事，只是经营者因利益而不愿做而已。

针对亚马逊的行为，朝阳工商分局参照了国家工商总局2004年发布的《关于处理侵害消费者权益行为的若干规定》第六条第二款的规定："经营者在消费者有证据证明向其提出承担民事责任的合法要求之日起超过15日，并且两次以上没有正当理由拒不承担民事责任的，视为故意拖延或者无理拒绝。但经营者能够证明由于不可抗力的原因超过时限的除外。"

至当年4月15日，亚马逊仍不肯对消费者作出退货处理，其故意拖延或者无理拒绝的行为已经成立。消费者于4月11日再次进行了举报，并于4月15日进行了书面说明。2014年4月15日，朝阳工商分局以该网站涉嫌违反《消法》第二十五条的规定予以立案，并认定该网站违反了《消法》第五十六条第一款第（八）项"对消费者提出的修理、重作、更换、退货、补足商品数量、退还货款和服务费用或者赔偿损失的要求，故意拖延或者无理拒绝的"规定，决定对该网站予以行政处罚。

自新《消法》颁布实施以来，社会各界对其第二十五条"七日无理由退货"规定的适用范围和具体执行标准一直存在不同理解，消费者和经营者之间产生争议，从而引发较多消费投诉。

在新《消法》实施初期，电商行业在落实"七日无理由退货"规定方面，普遍存在 3 个问题：一是不适用"无理由退货"的商品标注不明显，购物过程中缺乏一对一的确认程序，导致消费者选购时产生混淆，要求退货时消费者对电商企业单方面作出的解释不认可。二是将"商品完好"等同于"不影响二次销售"，退货标准过于严苛，导致消费者退货处理周期长、效率低，退换货纠纷多。三是部分网店经营者以各种理由不履行无理由退货义务，第三方电商平台未尽到管理责任。

那么，电商如何准确理解"七日无理由退货"制度？

国家工商总局消费者权益保护局负责人表示，《消法》规定的"七日无理由退货"制度，保护的是消费者的"反悔权"，"无理由退货"不等于有质量问题商品才退货。准确地理解，应是在远程购物时，消费者只要不满意就可以退货。电商若设立限退商品，必须说明根据商品性质不宜退货的理由，不能随意扩大限退商品范围。消费者退货涉及的"商品完好"，应当包括消费者为检查、试用商品而拆封的情况，只要不是因消费者的原因造成价值明显贬损的，均属于"商品完好"。

2014 年 7 月，新《消法》实施 4 个月后，国家工商总局消保局曾约谈阿里巴巴集团（淘宝、天猫）、京东商城、1 号店、苏宁易购、当当网、中粮我买网、凡客诚品、亚马逊、唯品会、聚美优品等 10 户电商企业，与参会电商"约法三章"：

一是除法定排除情形外，对于排除适用"七日无理由退货"的商品都要说明理由、明确标注，理由要合理、合法，标注要落到每件具体的商品上，在消费者购物的过程中必须要有"一对一"的确认环节。

二是明确"商品完好"是指商品本身完好。为查验商品而拆开外包装的情况，绝不能作为拒绝退货的理由。

三是第三方电商平台要切实履行自身责任，确保"七日无理由退货"规定在平台上所有角落都能得到落实，否则要依法依规承担责任。

上述"约法三章"，是工商部门对电商行业贯彻落实《消法》"七日无理由退货"规定的底限要求。

3. 京东、亚马逊骗取价款不提供商品

（1）京东不按约定提供商品案件

《侵害消费者权益行为处罚办法》第五条第（十）项规定：经营者提供商品或者服务不得有下列行为：……（十）骗取消费者价款或者费用而不提供或者不按照约定提供商品或者服务。

京东有 2 件违反该条款的违法记录。

2015 年 3 月、4 月间，京东商城在舒氏智能恒温调奶器婴儿温奶器的页面上，由于操作失误，将商品价格由 168 元标注为 51 元。标错价格期间，京东共产生 55 个订单，共计销售 207 件商品。但京东拒不发货，在后台填写与消费者收货地址不匹配的配送单号，未按照消费者提供的收货地址配送商品，所得共计 10557 元。

北京市工商局开发区分局认定，京东商城的上述行为违反《侵害消费者权益行为处罚办法》第五条第（十）项的规定，构成欺诈。

这不是京东第一次犯此类错误。在《侵害消费者权益行为处罚办法》生效之前实施的《欺诈消费者行为处罚办法》第三条第一款第（十三）项规定：经营者在向消费者提供商品中，有下列情形之一的，属于欺诈消费者行为：……（十三）以其他虚假或者不正当手段欺诈消费者的行为。根据这一条，京东也被处罚过。

2015 年 1 月 20 日，北京市工商局开发区分局公布了一份处罚决定书，文书中载明：京东商城在"CKLORD 贵族头层皮鞋"的页面，由于操作失误，将商品价格由 300 元标注为 49.9 元。2014 年 7 月 19 日，消费者以 49.9 元价格两次下单购买总共 60 双皮鞋。京东拒不发货，在后

台填写与消费者收货地址不匹配的配送单号，未按照消费者提供的收货地址配送商品，违法所得共计 2994 元。

京东的这两件案件，在表现形式上完全一样：一是声称把商品价格标"低"了；二是在后台填写与消费者收货地址不匹配的配送单号；三是未按照消费者提供的收货地址配送商品。

以京东的电商龙头地位，肯定不会故意设计这种骗局来骗取网购消费者的钱财，应当确实是标错了。但问题出了，且不止一次，间隔时间在七八个月，很明显京东有这方面的漏洞。京东应当做的是找到这种漏洞，完善相应机制，原则首先是取信消费者。但是，从京东"在后台填写与消费者收货地址不匹配的配送单号""未按照消费者提供的收货地址配送商品"的做法来看，京东设置的机制首先是保护自身利益、防范自身损失，而不是首先取信消费者，比如没有将错就错，将"标错"价格的商品先发给消费者，自行消化损失等。

这说明，所有电商不分规模大小，在完善机制、严格遵守法规方面，每时每刻都不能掉以轻心。

（2）亚马逊不按约定提供商品案件

尽管是一事两犯，但京东此类案件相对简单，而亚马逊的相关案件就复杂多了。无论是社会影响，抑或处罚幅度，还是最终导致的一系列连锁反应，不仅亚马逊，而且整个电商行业都始料不及。

亚马逊不按约定提供商品的案件，在我国电商发展史上留下浓重的一笔，值得所有电商反思。

该案起因是 2014 年 10 月底至 11 月初，北京市工商局朝阳分局连续接到消费者反映亚马逊网站擅自取消订单的投诉、举报——

自 2014 年 10 月 31 日起，彭某某等 44 名消费者投诉，称亚马逊网站在未与其进行协商的情况下，擅自删除其于 2014 年 10 月 27 日在亚马逊网站上购买"卡拉羊"牌嘉年华系列 CX4Z008 中性运动休闲单肩包的订单；

2014 年 11 月 4 日起，刘某等 6 名消费者投诉，称亚马逊网站擅自删除其于 2014 年 10 月 24 日在该网站上购买"天域"牌 rally 时尚单肩摄影包的订单；

自 2014 年 11 月 3 日起，张某某等 515 名消费者投诉亚马逊网站擅自删除消费者于 2014 年 10 月 29 日购买"科沃斯"牌地宝战斧 CEN360 扫地机器人的订单……

在上述投诉中，消费者都要求亚马逊按照交易的订单履行义务，补足商品数量，但亚马逊都以"标错价"为由拒绝履行订单，不予补足商品数量。

这些投诉被称为亚马逊"删单"事件。因这些投诉正好发生在 2014 年 APEC（亚太经济合作组织）会议即将在北京召开之际，有关媒体进行了报道，引起了社会热议。北京市工商局非常重视，副局长黄晓文亲自过问，市局消保处予以重点关注，要求维稳与维权并重。朝阳工商分局立即启动了"消费侵权突发事件应急预案"，分局主管消保工作的副局长赵学山直接来到消费调解和案件办理第一现场，在管辖的高碑店工商所坐镇指挥、督战。分局纪检组长杨利及监察科依法履职，到现场指导。分局消保科、12315 中心工作人员共同参与。通过一系列的努力工作，在 APEC 会议期间，亚马逊删单事件平稳度过，没有蔓延和扩大，没有在会议期间造成负面影响。

在 APEC 会议过后，朝阳工商分局在前期开展行政调解基础上，于 2014 年 11 月 21 日对亚马逊网站立案调查。经调查认定，亚马逊网站违反了新《消法》第五十六条第一款第（八）项的规定，构成了对消费者提出的合法要求"故意拖延或者无理拒绝"的行为，根据该企业违法行为的情节，于 2015 年 6 月 17 日依据《消法》第五十六条的规定下达京工商朝处字（2015）第 3398 号处罚决定书，对亚马逊施以高限处罚，罚款 50 万元。

此案的详细办理过程如下：

（一）在 APEC 会议平稳度过后，朝阳工商分局对亚马逊网站删单行为进行调查取证，收集了以下证据：

（1）消费者提供的该网站单方取消订单、拒绝发货的证据，包括消费者的投诉单 565 份，38 名消费者提供的书面证据材料，消费者与该网站沟通的邮件截屏打印件 8 份，记录消费者提供的电子版证据、邮件截屏等内容的光盘 1 张。这些证据证明该网站存在删单、拒绝发货的客观事实。

（2）行政调解记录 3 份，包括终止调解的材料和记录，证明该网站对消费者提出的经营者履行订单诉求予以拒绝的客观事实。

（3）对该网站进行的两次询问笔录、该网站提供的情况说明 3 份和错价价格销售商品的销售订单打印件，证明该网站取消订单、对消费者依法提出的要求无理拒绝行为的事实。

（4）相关供应商的存续材料，证明供货商依然存在，尤其是删单量最大的科沃斯扫地机器人生产厂家依然在正常生产和销售，该网站可以随时订货并给消费者补偿货物，但亚马逊未在被投诉期间订购过该产品。

（5）该网站屡次删单相关报道 10 份，证明该网站违法行为的社会性、影响性、常态化。

（6）法院判决书一份，证明该网站单方删单的司法定性。

（二）对亚马逊网站取消消费者订单行为的性质予以研判，并确定违反条款。

（三）向市局消保处汇报，得到消保处的肯定。

（四）分局案审会和局长办公会批准了对亚马逊网站的处罚意见。

（五）对亚马逊网站下达处罚决定。

作为本案关键证明材料之一，法院判决是如何定性表述的？我们登录并搜索北京法院审判信息网，从与北京世纪卓越信息技术有限公司有关的民事判决书中，了解到亚马逊有多起类似"删单"民事官司。

在这些"删单"民事纠纷中，一审、二审法院均认为亚马逊与消费者之间的合同已经成立，亚马逊应当向消费者交付其订购的货物。法院还认定，亚马逊未就使用条件的格式条款以合理的方式提请消费者注意，特别是没有在消费者提交订单之前予以明确提示，故亚马逊关于"使用条件"的相关条款应视为没有订入合同，当然也不应对消费者发生效力。

2013年11月26日，网购消费者陈玮通过世纪卓越公司经营的网站（www.amazon.cn 即亚马逊网站）购买了长虹 LED32538、32 英寸电视机一台，该商品的名称、型号、价款等详细信息展示于网站之上，内容明确具体，陈玮通过一系列正常操作，确认订单并完成了支付。同年11月28日，陈玮收到世纪卓越公司发来的电子邮件，称由于世纪卓越公司的原因，订单取消并无法提供所购商品，邮件表示：由于缺货，将无法满足您对商品 CHANGHONG 长虹 LED32538、32 英寸 LED 电视的订购意向。如果您就该商品已经完成付款，相应款项将退至您的礼品卡或原支付卡中等。

陈玮多次与世纪卓越公司沟通，一直未能解决。随后，陈玮诉至法院，要求世纪卓越公司继续履行原订单并交付货物（长虹 LED32538、32 英寸 LED 电视机一台，订单价格 161.99 元），并要求世纪卓越公司赔付公证保全费 1000 元、律师费 4000 元，同时承担本案诉讼费用。

世纪卓越公司在答辩中不同意陈玮的诉讼请求，表示双方之间的买卖合同关系亦未成立，其理由是：

首先，依据法律规定，亚马逊网站上展示商品应为要约邀请，消费者选择后提交订单为要约，亚马逊网站确认收到订单后要约生效，消费者取消订单应为撤销要约，亚马逊网站发出确认发货的邮件视为承诺，而亚马逊网站取消订单则视为拒绝要约；故世纪卓越公司取消订单的行为应当是拒绝了陈玮发出的要约。根据法律规定，双方的买卖合同并未成立。

其次，亚马逊网站向消费者公示了网站的交易规则即"使用条件"，该使用条件明确提示"通过在本网站购买商品和 / 或使用其提供的服务，您同意接受本使用条件和所有有关的政策、条件和准则的约束"；消费者的注册行为表明其接受了亚马逊网站的交易规则，同意受"使用条件"的约束；该"使用条件"明确约定了"本网站上展示的商品和价格等信息仅仅是要约邀请，您的订单将成为订购商品的要约""只有当我们向您发出货物确认的电子邮件或短信，通知您我们已将您订购的商品发出时，才构成我们对您的订单的接受，我们和您之间的订购合同才成立"。根据上述约定，亚马逊网站上展示商品和价格等信息仅仅是要约邀请，而只有亚马逊网站发出了发货确认的电子邮件或短信时，双方之间的买卖合同才成立；本案中，亚马逊网站并未向消费者发出确认发送涉案商品的邮件，并已按照使用条件约定的订单规则取消了订单，故双方的买卖合同并未成立。

再其次，根据网络商品交易惯例，涉案商品买卖合同亦未成立。目前国内主流电商如当当网、1 号店、京东商城等无一例外地采用了与亚马逊网站相同的交易规则，这是网络交易平台经营者、网络商品销售者和消费者之间就网络商品交易业已形成的惯例，在实践中得到了广泛的认可和执行。陈玮作为多次使用亚马逊网站以及其他网络交易平台订购商品的消费者，早已熟知该交易惯例，且陈玮曾于 2013 年 10 月 9 日自行取消某次交易中的订单，可见陈玮对亚马逊网站的订单取消规则及操作流程是熟悉的。此外，涉案商品的展示页面上已明确表明涉案商品状态为"暂时缺货"，故陈玮在购买商品时完全可以预见也应当预见世纪卓越公司有权取消订单，且可能无法实际交付商品。综上，陈玮的诉讼请求缺乏事实、合同和法律依据，应当予以驳回。

在审理中，法院认定此案的焦点有两个：第一，世纪卓越公司与陈玮之间买卖合同是否已经成立，世纪卓越公司是否应当承担继续履行合同的责任；第二，世纪卓越公司在网站中公布的"使用条件"是否对双方发生约束力。

法院判决书说：

关于第一个焦点，法院认为，认定合同是否成立，应当遵循《合同法》关于合同成立的一般规则进行判断，即对双方是否完成了要约和承诺的交易行为予以认定。要约是向对方作出的希望与其订立合同的意思表示，承诺是受要约人同意要约的意思表示。通常情况下，要约应当内容具体确定，并且表明经受要约人的承诺，要约人即受意思表示的约束。受要约人一旦承诺，双方即完成合意。世纪卓越公司将其待售商品的名称、型号、价款等详细信息陈列于其网站之上，内容明确具体，与商品标价陈列出售具有同一意义，根据法律规定和一般交易观念判断，当符合要约的特性。消费者通过网站在其允许的状态下自由选购点击加入购物车，并在确定其他送货、付款信息之后确认订单，应当视为进行了承诺。世纪卓越公司在消费者提交订单之后向消费者发出的订单确认邮件中的提示系双方达成合意后的通知，不发生排除合意的法律效力。故认为本案中世纪卓越公司与陈玮之间的合同已经成立，对于世纪卓越公司关于双方之间合同未成立的答辩意见不予采信。因陈玮订购的电视机属种类物，且世纪卓越公司未能提交其不能继续采购到货的证据，故世纪卓越公司应当向陈玮交付其订购的电视机。

对第二个焦点，法院认为，世纪卓越公司在其公司经营的网站中公布的"使用条件"系世纪卓越公司未与相对人协商的、预先设定的、不允许相对人对其内容作出变更的格式条款。格式条款虽有避免重复订立提高效率的优势，但提供商品或服务的一方在拟定格式条款时，往往会利用自己的优势地位，将一些有利于自己的免责条款或限责条款订入合同，影响到合同当事人之间的利益平衡。因此，法律对于此类格式条款订入合同有明确的要求，进行了严格的规制，规定提供格式条款的一方应当采取合理的方式提请对方注意免除或者限制其责任的条款，按照对方的要求对该条款予以说明。

法院认为，本案中亚马逊网站的"使用条件"约定，仅在亚马逊网站向消费者发出送货确认的电子邮件通知已将该商品发出时，双方之间的合同才成立，排除了其商品陈列系要约以及消费者基于要约进行承诺的权利，其实质和后果是赋予了世纪卓越公司单方决定是否发货的权利并免除了世纪卓越公司不予发货的违约责任，但这是对消费者基于一般的消费习惯所认知的交易模式的重大改变，因而对消费者的合同利益会产生实质的影响，亚马逊网站对此应当作出合理的、充分的提示，提醒消费者注意该项特别约定，并判断选择是否从事此项交易。但从查明的事实看，亚马逊网站并未尽到提请注意的义务。从注册环节看，世纪卓越公司并未要求注册用户必须阅读并同意其"使用条件"；从页面展示看，"使用条件"的相关链接位于网站最下端，且需点击链接方能查看，不易被消费者辨识；从检查订单环节看，世纪卓越公司以加粗的字体显示产品型号、订购数量、送货地址、付款方式等，却仅以普通字体提示"使用条件"，页面下方以色度较暗的字体显示，不易被消费者注意，故消费者在亚马逊网站无需阅读"使用条件"即可完成选择商品并购买的全过程。

由此，法院认为，因世纪卓越公司未就使用条件的格式条款以合理的方式提请消费者注意，特别是没有在消费者提交订单之前予以明确提示，故世纪卓越公司关于"使用条件"的相关条款应视为没有订入合同，当然也不应对消费者发生效力。

最后，一审法院依据《合同法》第三十九条、第四十条、第一百零七条之规定，判决被告北京世纪卓越信息技术有限公司于本判决生效之日起十日内向原告陈玮交付长虹 LED32538、32 英寸 LED 电视机一台；原告陈玮同时向被告北京世纪卓越信息技术有限公司给付价款 161.99

元。

北京世纪卓越信息技术有限公司不服一审判决，提出上诉。二审法院驳回上诉，维持原判。

此外，消费者孙安乐、宁炳峰也因同样缘由起诉亚马逊网站，一审、二审法院均以上述理由，判北京世纪卓越信息技术有限公司败诉。

这 3 起民事诉讼一审和二审判决书的文号分别为：〔2014〕朝民初字第 7456 号和〔2014〕三中民终字第 09383 号、〔2014〕朝民初字第 7461 号和〔2014〕三中民终字第 09382 号、〔2014〕朝民初字第 7450 号和〔2014〕三中民终字第 09381 号。

对朝阳工商分局办案而言，这些判决书的价值在于：对亚马逊类似的删单事件，可认定亚马逊与消费者之间的合同已经成立；可认定亚马逊未能提交其不能继续采购到货的证据，应当向消费者交付商品；可认定亚马逊关于"使用条件"的相关条款不对消费者发生效力。如果亚马逊迟迟不履行交付商品的义务，就构成了新《消法》第五十六条第一款第（八）项所指的"故意拖延或者无理拒绝"消费者补足商品数量的要求。

回到朝阳工商分局查处案件上来。该分局认定亚马逊违法事实如下：

由北京世纪卓越信息技术有限公司经营的亚马逊网站工作人员将销售价为 949 元的一款"科沃斯智能家用扫地机器人"标价为 94 元，并于 2014 年 10 月 29 日 20 时 10 分上线。大约在 20 时 20 分左右，"什么值得买"网站（www.smzdm.com）将亚马逊网站该商品的"优惠信息"进行网上推广；20 时 32 分，该网站对该产品进行下架处理。在此期间的 12 分钟里，引起网民抢购，共产生订单 3.4 万份，涉及消费者 2.2 万人。11 月 3 日起，该网站以"标错价"为由对该商品进行删单处理，随后就出现大量投诉和举报，要求恢复订单、补足所订购的商品数量。而亚马逊网站购进该款商品仅 15 件，远远不能满足消费者的订单需要。

在消费者相继对亚马逊投诉后，朝阳工商分局高碑店工商所开始了受理程序，于 2014 年 11 月 25 日向北京世纪卓越信息技术有限公司送达《关于"卡拉羊"牌背包消费者投诉调解通知书》《关于"科沃斯"牌扫地机器人消费者投诉调解通知书》《关于"天域"牌摄影包消费者投诉的调解通知书》，并进行调解。

在调解过程中，北京世纪卓越信息技术有限公司对消费者的投诉只承诺如下措施：对购买科沃斯 CEN360 型号扫地机的消费者表示诚挚的歉意，以邮件方式向提交订单的消费者提供 50 元的代金券，在消费者购买供应商同品牌 38 种相关商品（包括科沃斯 CEN360 型号产品）时予以扣减；对购买单肩摄影包的消费者，对每个订购账户发放 10 元礼品卡。

此解决方案，未能满足提出投诉的消费者要求按订单补足商品数量的诉求，调解未能成功，高碑店工商所终止调解，向该公司送达了终止调解的告知记录单。

事实上，自 2010 年起，朝阳工商分局接到大量消费者的投诉，反映亚马逊存在擅自取消订单、不按照约定提供商品的行为。仅 2012 年至 2014 年底，此类投诉就达 1000 余件，涉及商品品类百余种。其中许多单种商品的投诉数量很大，形成群体性投诉，如投诉某品牌电视机近百件、投诉某品牌面包机 94 件、投诉某品牌行车记录仪 85 件、投诉某品牌婴儿推车 30 余件等。在屡次调解过程中，亚马逊都未能满足消费者提出的诉求，即按照订单约定提供相应商品，调解都未能成功，最终都是终止调解。

针对亚马逊网站的此种行为，朝阳分局多次进行行政指导，并告诫亚马逊擅自删单行为涉嫌违反《消费者权益保护法》《合同法》等法律。2014 年，多名消费者为了维护自身权益，向朝阳区人民法院以亚马逊单方取消订单为案由提起诉讼。经过审理，朝阳法院认定消费者与亚马逊之间的买卖合同成立，当事人应当履行订单。亚马逊向北京市第三中级人民法院提起上诉，但上诉结果为维持一审判决。

通过以上证据，朝阳工商分局认为：亚马逊网站屡次"标错价格"并以此为由擅自单方面取消与消费者达成的订单，在消费者提出恢复订单要求的情况下，该网站从未纠正自己的错误、满足消费者补足商品数量的合理要求，也不与消费者平等协商，采取有诚意的措施，取得消费者的谅解，而是采取无理拒绝的方式予以处理，已构成"故意拖延或者无理拒绝"的违法事实。

从以上情况看，该案的基本事实如下：

一是亚马逊网站上线销售商品的标价是该网站自主作出的，不是受外来因素如黑客攻击、不可抗力等所造成的，该网站应对其行为负责；

二是该网站所标示的价格是经营者与消费者的约定，应当按照约定履行义务；

三是该网站自辩因过失而"标错价"，应承担相应的过错责任，采取有诚意的措施，给予消费者符合法律法规规定的补偿，取得消费者的谅解，而不应采取单方面、限制条件多、额度很低的补偿措施，更不能对消费者的合法要求予以拒绝；

四是该网站屡次因"标错价"出现删单事件，事件多、时间长，引起社会关注，即使经过工商部门多次行政指导和法院判决，也一直未改进，一再出现大规模的删单现象，足可看出亚马逊对删单行为的态度。

朝阳工商分局经过缜密的研判，认定亚马逊网站的这种行为属于《消费者权益保护法》第五十六条第一款第（八）项的行为，即：对消费者提出的修理、重作、更换、退货、补足商品数量、退还货款和服务费用或者赔偿损失的要求，故意拖延或者无理拒绝的。

该案件中，亚马逊网站擅自删除订单，不按照消费者的要求履行订单的行为，引起投诉数量巨大，影响恶劣，且属于屡犯；而亚马逊擅自删除订单的行为，人民法院认定其行为违法，且当事人早就知晓，属于知法犯法，应从重处罚。

在办理亚马逊此案中，工商执法人员碰到了一系列焦点与难点问题。

焦点难点之一：如何适用法律法规。

对亚马逊擅自取消订单行为，有一种意见认为是亚马逊单方违约行为，违反《合同法》的相关规定，属于民事诉讼调整范畴，不属于行政行为管辖。工商部门是否应给予此类行为行政处罚？经过集体商讨，执法人员排除众异，认定《消法》第十六条规定了经营者与消费者之间订立了约定，经营者就有履约义务；经营者一旦违约，消费者有权要求经营者按照约定提供商品。经营者若无理拒绝，就属于《消法》第五十六条第一款第（八）项所指情形，要因此受到行政处罚，工商部门具有行政处罚权。

从案情看，亚马逊与消费者订立了订单，根据法院判例，其与消费者之间买卖合同关系成立，订单有效。亚马逊在调解过程中虽提出商品标错价、不是真实意思表示，但要撤销订单应依据《合同法》第五十四条的规定，请求人民法院或者仲裁机构变更或撤销。本案调查过程中，亚马逊未向人民法院或者仲裁机构提出相关申请。在订单有效的情形下，亚马逊单方取消订单，无理拒绝消费者补足商品数量要求，属于《消法》第五十六条第一款第（八）项所指情形。

此案突破以往认定消费者投诉商家单方取消订单行为属于民事合同纠纷的定性。在处理手段上，除建议让消费者通过诉讼途径维权外，工商机关充分运用《消法》，通过行政处罚手段，查处经营者的违法行为，规范经营者的经营行为，积极履职，不推责，不避责，展现了工商行政管理部门保护消费者合法权益的勇气与能力。

焦点难点之二：获取、梳理、固化证据。

"与消费者之间的买卖合同关系不成立"，这是一直以来亚马逊单方面取消订单的主要借口。为了证明亚马逊与消费者之间合同关系成立，确定订单的有效性，办案单位一直关注法院对此类案件的审判工作。2014年，有消费者因亚马逊单方面取消订单，不履行合同为案由提起诉讼。经过审理，2014年4月17日朝阳区人民法院认定消费者与亚马逊之间的买卖合同成立。随后，亚马逊提起上诉，2014年9月2日北京市第三中级人民法院终审维持一审判决。法院一审、二审均判决亚马逊与消费者之间的订单有效，这为本案定性亚马逊的违法行为提供了司法依据。执法人员收集到了法院一审、二审判决书，作为案件定性的证据材料。

在调查此案过程中，亚马逊态度消极、懈怠，采取拖延战术，对本案办理极不配合，为案件顺利推进设置了重重障碍，办案人员从亚马逊处调取证据存在很大困难。为了保证证据不灭失，及时获取亚马逊与消费者订立订单的证据、取消订单的证据、消费者向亚马逊自行维权的证据，办案人员第一时间联系消费者，克服涉及消费者数量众多、空间距离远、时间紧的困难，指导消费者提供有效证据，最终500多名消费者中有近百名通过电子邮件或邮寄形式提供了相关证据。办案人员从中筛选、整理出38份符合条件的证据予以采用。

依据国家工商总局《关于处理侵害消费者权益行为的若干规定》第六条第二款的解释，需获取在不存在不可抗力的情况下，亚马逊超过15日、2次以上无理由拒绝消费者要求的证据，以证明亚马逊拒绝行为的无理由性。因此，"15日""2次以上""没有正当理由"成为认定无理由拒绝行为的关键词，尤其是如何获取"2次以上""没有正当理由"的证据，是此案取证的难点。

刚开始，消费者只能提供一次亚马逊拒绝补足商品数量的有效证据。消费者为了获得第二次拒绝的证据，请朝阳工商分局介入调解。朝阳工商分局遂向亚马逊制发了调解函、终止调解告知等相关书面调解文书，从而使消费者成功获取了证明亚马逊2次拒绝消费者提出补足商品数量要求的证据，提交给办案人员。

为了能够充分证明亚马逊没有正当理由拒绝消费者要求其履行订单的要求，办案人员在排除存在不可抗力因素如由于自然灾害、国家法规政策等原因导致商品不可在市场销售的情况下，向 3 款商品供货商、生产商进行调查取证，获得了 3 款商品在市场上在售证明、在产证明、供应商供货能力证明。办案人员将供应商提供的供货数量与亚马逊提供的销售证明进行比对，证明亚马逊 3 款商品均有剩余库存。通过上述证据，充分论证亚马逊没有正当理由拒绝消费者要求其履行订单的要求。

调查询问笔录对此案的办理也起到重要作用。由于亚马逊对办案人员获取的证据一直不置可否，办案人员在调查询问笔录制作过程中，通过摆证据的方式向亚马逊进行质证，通过一个个有效的证据，促使亚马逊无法掩盖违法事实，最终只得对证据确认、对违法行为认知。在质证过程中，办案人员注意获取证据与询问调查笔录的有效性、一致性和完整性，把握好问话的方向，条理性、目的性强，提问简洁、明了，抓住调查的关键点，避免违法事实和证据之间出现矛盾。

随着案件调查的逐步深入，通过多渠道、多途径获得的有说服力、针对性强、效力高的证据，成为本案的突破口。在翔实、可靠的证据面前，经过办案单位耐心、细致的工作，亚马逊的态度逐渐发生了改变，最终还放弃了听证申请，对自己的行为不再进行诡辩，承认删单行为违法。

亚马逊这起不按约定提供商品的案件，在我国电商发展史上留下浓重的一笔，值得所有电商反思，给中国电商及网络交易环境带来深远的影响。

（一）此案促进了网络消费环境的优化。

在"大众创业、万众创新"的大形势下，"互联网 +"得到大发展，但互联网经营环境中，恶意竞争、虚假信息等大量存在，有些电商为"博眼球"而制造一些事端，吸引消费者上钩后又随意删单砍单。此前这种现象一直未得到有效遏制，造成投诉举报居高不下，侵害了消费者的合法权益。亚马逊网站就是其中的典型。

源自消费者保护运动发源地、互联网技术创始地、互联网销售起源地美国的亚马逊网站，是互联网销售的鼻祖之一，其网络销售技术应是全球一流的。从技术角度看，亚马逊根本不应该屡屡出现"标错价格"的情况；而在"标错价"后，又屡屡拒绝消费者的合法要求。来自"消费者是上帝"之乡的亚马逊网站，是不是把中国消费者当作真正的"上帝"？可以肯定的是，随意删除消费者订单的行为，不应是对"上帝"的真正态度。

如对亚马逊网站删单砍单行为不依法加以惩治，那么电商之间会相互效仿，势必会对消费者的消费信心产生巨大的冲击，势必会破坏蓬勃发展的网络消费环境，势必会使广大人民群众对政府部门尤其是工商部门保护消费者合法权益的信心产生动摇。

此案的查办，对经营者尤其是不履行法定义务的电商具有警醒和遏制作用，对电商妥善处理与消费者的消费争议具有示范作用，对有效降低电商高居不下的投诉举报和进一步优化网络消费环境具有较好的促进作用。

（二）此案对工商部门履行工作职责、查处侵害消费者合法权益的行为具有引领性和指导性。

保护消费者合法权益、查处侵害消费者合法权益的违法行为，是工商部门的重要工作职责，但在实际工作中，哪些是工商部门应该依法履职的，哪些是工商部门不应介入的，需要探索和研究。

查办此案过程中，相关方面存在不同看法。有一种观点认为，电商"标错价格"属于《合同法》第五十四条规定的"因重大误解订立"和"在订立合同时显失公平"范畴，不是经营者真实意思表示，订立的合同可以变更或者撤销，即经营者有权取消订单、撤销合同。同时，电商已对消费者给予了补偿（尽管限制条件很多），如果消费者对取消订单有异议，可以向法院提起民事诉讼，《消法》没有赋予工商部门对电商此类行为进行处理的职权。

针对此观点，应首先明确：电商与消费者之间是什么样的关系？是商品（或服务）销售的合同关系？仅仅是合同关系吗？《合同法》第二条明确了合同的主体是平等的自然人、法人、其他组织等，其调整的也是平等主体之间的民事关系。从《合同法》的本义看，经营者与消费者之间也应是平等的民事主体，但这仅仅是从主体的法律地位来说。实际上，不论是中国还是外国，消费者与经营者在法律地位和实际状况都平等是不可能的，消费者都处于相对弱势的地位。也正是因为如此，世界上才产生了专门的保护消费者合法权益的法律法规。在我国，调整经营者与消费者之间关系的是《消费者权益保护法》，该法调整的是经营者的义务与消费者权利之间的关系，二者已不仅仅是单纯的合同关系。因而，当消费者与经营者产生关系时，首先适用的应是《消法》而非《合同法》。因为，《消法》是向消费者适度倾斜的法律，更有利于消费者权益的保护。

此案中，亚马逊网站既没有按照《合同法》的要求，在"标错价格"后承担法律规定的违约责任，更没有按照《消法》的规定，按照消费者提出的合法要求，承担民事责任，履行民事义务，而是无理拒绝。《消法》赋予了工商部门对销售者不履行民事责任的行为具有行政处罚的权力，工商部门应对亚马逊网站的这种行为进行处理。

朝阳工商分局对亚马逊网站的处理，促使该网站进一步加强了消费者权益保护工作。尤其是工商部门作出罚款 50 万元的处罚决定，对亚马逊高层产生了极大的震动。该公司非常重视，采取了一系列措施：

亚马逊美国总部撤销了北京总部的 CEO，更换了新的董事长；

聘请了曾在商务部工作过的人员作为该公司的公共政策总监；

亚马逊北京总部的高管人员集体去美国接受为期半个月的中国法律法规的培训；

亚马逊网站先后两次组织北京、天津 500 多名客服人员进行新《消法》客服解答技巧培训；

主动与朝阳工商分局进行法律沟通，争取得到更多的行政指导。

亚马逊网站除了以上做法外，在此后出现的类似事件中，则采取了与以往明显不同的处理方法。

2015 年 6 月 30 日，亚马逊网站再次出现上线商品标错价问题：Sony MDR-Z7 黑色头戴式动圈耳机销售价格为 3468 元，拟促销价格为 2849 元，由于录入错误，促销价格显示为 1849 元，最终形成订单 499 件，订购数量 522 台。

亚马逊网站此次未采取单方面删除订单的做法，而是与消费者积极协商解决，争取谅解。做法是：将库存的 57 件商品根据订单生成的先后顺序全部发货，累计发货订单 54 单；针对库存数量无法满足的剩余订单，在 7 月 1 日向客户发出了由于商品标错价无法满足客户订购意向的通知，并表达了诚挚的歉意。对未能收到商品的消费者提出的发货需求，承诺将在商品采购到货后联系消费者按照原订单价格购买；对不愿意等待到货的消费者，提供 500 元购物券的补偿。

最终，此事通过亚马逊网站消费者投诉绿色通道，亚马逊受理了 74 件投诉，其中成功处理了 69 件投诉，未成功处理 5 件。未成功处理的这 5 件投诉，随后又经过工商 12315 调解，成功处理了 3 件。

对此次事件，亚马逊网站没有采取以往的做法，改变了以往的态度，采取与消费者协商处理的方式，尽量满足消费者的合理要求。这表明前述案件的办理，对亚马逊起到了很大的规范、教育作用。

上述案件的前前后后，值得电商和网店经营者深思，并从中汲取教训。

电商消费侵权案件处罚分析

根据《消费者权益保护法》，电商的上述 3 类消费侵权行为都按照该法第五十六条来处罚，其经济处罚额度为：有违法所得的，可处违法所得最低一倍、最高十倍的罚款；没有的，处五十万元以下罚款。

1. 对作虚假或者引人误解宣传案件的处罚

由表 37 可知，在易迅作虚假或者引人误解的宣传的案件中，违法经营额分别为约 23 万元、4 万元、50 万元，上海市宝山区市场监管局对易迅的处罚幅度基本上都是 2 万元。

在北京，北京市工商局朝阳分局对亚马逊的 1 件虚假宣传消费侵权案件，处以 5 万元的罚款。

为何上海和北京执法机关的处罚额度相差如此之大？为何上海对易迅 3 件不同违法所得的案件处罚幅度都相同？

原来，《消费者权益保护法》第五十六条开头就规定：经营者有下列情形之一，除承担相应的民事责任外，其他有关法律、法规对处罚机关和处罚方式有规定的，依照法律、法规的规定执行……

表 37　电商虚假或引人误解的宣传案件处罚幅度

（单位：元）

涉案电商	涉案商品	违法经营额	实际处罚	办案机关
易迅	虎牌（Tiger）JBA-B18C 微电脑多功能电饭煲日本标准 1.8L/ 国内标准 5L	234547.46 元	20000	上海市宝山区市场监管分局
	尼康（Nikon）D4 单反机身	39389 元	20000	
	开展 10 个商品促销活动	50 万元以上	20000	
	苹果（APPLE）iphone 5S 16G 版 公开版 4G 手机（金色）		0	
亚马逊	CASIO 卡西欧 EDIFICE 系列电波男士手表 EQW_T610DB_1ADR		50000	北京市工商局朝阳分局

而对虚假宣传案件，我国《反不正当竞争法》和《广告法》也有相应罚则，罚则不同处罚结果也不同。所以，北京、上海两地执法机关的量罚标准是依据上述的"其他有关法律、法规对处罚机关和处罚方式有规定的，依照法律、法规的规定执行"这条规定。

在易迅的相关案件中，上海市宝山区市场监管局对虎牌（Tiger）JBA–B18C 微电脑多功能电饭煲一案、尼康（Nikon）D4 单反机身一案，并列执行了《反不正当竞争法》第二十四条第一款的罚则规定。对开展10 个商品促销活动一案，并列执行了《上海市反不正当竞争条例》第二十七条第一款第（七）项的规定。苹果（APPLE）iphone 5S 16G 版公开版 4G 手机（金色）一案，就执行了旧《广告法》第四十条第一款的规定。由此产生了对易迅相关案件的处罚结果。

对亚马逊的虚假宣传行为，北京市工商局朝阳分局并列执行了《反不正当竞争法》第二十四条第一款的规定。

当然，北京、上海两地执法机关行使的自由裁量权有些差异，即使适用了同一法律《反不正当竞争法》第二十四条第一款，因行使的自由裁量权不同，处罚结果也不同。

2. 对违反"七日无理由退货"案件的处罚

对消费者提出的修理、重作、更换、退货、补足商品数量、退还货款和服务费用或者赔偿损失的要求，故意拖延或者无理拒绝的，《消费者权益保护法》第五十六条第一款第（六）项规定，由执法机关责令改正，可以根据情节单处或者并处警告、没收违法所得、处以违法所得一倍以上十倍以下的罚款，没有违法所得的，处以五十万元以下的罚款。

据此，北京市工商局朝阳分局在前述亚马逊网站拒绝水晶项链退货案中，于 2014 年 5 月 28 日对该网站下达了处罚决定书，没收违法所得159.6 元，罚款 478.8 元。

而在亚马逊月饼礼券拒不退货一案中，北京市工商局朝阳分局对亚马逊网站处以没收违法所得、罚款 2813 元处罚。

最终处罚结果来看，前一案是采取了违法所得 3 倍的罚款，后一案是执行了上限十倍的罚款。由 3 倍上升到 10 倍，说明工商机关对亚马逊一犯再犯的违法行为给予严惩。

3. 对骗取价款不提供商品案件的处罚

对骗取消费者价款或者费用而不提供或者不按照约定提供商品或者服务的违法行为，基本上仍然是按照《消费者权益保护法》第五十六条的规定处罚，即"可以根据情节单处或者并处警告、没收违法所得、处以违法所得一倍以上十倍以下的罚款，没有违法所得的，处以五十万元以下的罚款"。

京东的舒氏智能恒温调奶器婴儿温奶器一案中，违法所得为 10557 元，最终被罚款 21114 元。另外，京东在 CKLORD 贵族头层皮鞋一案中，违法所得 2994 元，被罚款 14970 元。前者的罚款额是违法所得的二倍，后者是五倍，而法定最高是十倍。可见，北京市工商局开发区分局行使了自由裁量权。

第七章　电商商标及合同案件分析

　　7 户电商，商标违法案件仅 5 件；数以万计的商品，其商标违法案件的性质仅有一种——使用"驰名商标"字样用于广告宣传，而未见一起社会普遍诟病的假冒商标行为。

　　数据表明，京东、亚马逊、当当、1 号店、易迅、国美在线、苏宁易购这 7 户电商都对商标知识产权保护相当重视。尽管假冒伪劣商品在网络市场上特别是在某些电商平台上泛滥成灾，但至少这 7 户电商都恪守底线，从严把关，基本上没让假冒商品溜进自家平台，都树立了正品商城的良好形象。

　　我们认为，对这 7 户电商，消费者可以放心消费，不用太担心在他们的平台上买到假冒商品。

　　同样，极低的相关案件数量，也说明 7 户电商在格式合同方面的管理也比较到位，在这方面消费者同样也可以放心。

　　因这两类案件极少，本书将其放在同一章中分析论述。

电商商标违法案件分析

7 户电商中，只有京东、亚马逊和 1 号店发生过商标违法案件。其中，京东有 3 件商标违法案件，亚马逊和 1 号店各有 1 件。

巧合的是，3 户电商的 5 件商标违法案件均为同一性质——违反了《商标法》第十四条第五款，构成使用"驰名商标"字样用于广告宣传的行为。

该法条规定：生产、经营者不得将"驰名商标"字样用于商品、商品包装或者容器上，或者用于广告宣传、展览以及其他商业活动中。

食品、药品和保健品尤其酒类，是这类案件的易发高发地，另外化妆品也是这种风险较大的产品。它们共同的特征均为日常消费品。

在表现形式方面，这类案件都是在网页商品介绍中使用了"中国驰名商标"的字样。不过，5 件案件的处罚决定书都明确指出，涉案商品均被国家工商总局商标局认定为"中国驰名商标"，意即该商标确属"中国驰名商标"，而不是虚假称"中国驰名商标"。只不过，新《商标法》禁止将该认定用于包装或广告宣传等商业活动中。这一点与淘宝天猫网店假冒"中国驰名商标"案有所不同，对此后文将予以区别分析。

处罚方面，5 件案件都是按照《商标法》第五十三条"违反本法第十四条第五款规定的，由地方工商行政管理部门责令改正，处十万元罚款"的规定处理，但不同的地方处罚幅度不一样。

在北京，北京市工商局开发区分局和朝阳分局行使了相同的自由裁量权，对京东的 3 件和亚马逊的 1 件案件，实际都罚款 1 万元。

在上海，上海市工商局自由贸易试验区分局对 1 号店使用"中国驰名商标"用语案，强调当事人无从轻的情节，决定责令当事人改正，并罚款 10 万元。

表43　电商商标违法案件一览表

涉案电商	涉案商品	表现形式	罚款（元）	办案机关
京东	绿A天然螺旋藻精片0.5g*200粒	商品介绍页面使用"绿A-中国驰名商标"的字样，该商品的生产者为云南绿A生物工程有限公司。	1万	北京市工商局开发区分局
	"万通"筋骨贴	宣传"万通"商标为"中国驰名商标"。该商品的生产者为通化万通药业有限公司。	1万	
	百雀羚水嫩倍现特润霜、百雀羚水嫩倍现特润霜、百雀羚净白莹润柔肤水、百雀羚净白亮肤隔离霜、百雀羚净白滋养精华霜、百雀羚水能量焕颜霜	商品介绍页面使用"百雀羚、中国驰名商标"的字样。上述商品的生产企业为上海百雀羚日用化学有限公司。	1万	
亚马逊	牛栏山珍品十年二锅头（礼盒）、同仁堂警醒片解酒、同仁堂花草茶菊花茶贡菊、同仁堂美国进口西洋参花旗参小参须、同仁堂枸杞子极品枸杞王宁夏中宁枸杞、同仁堂总统牌蜂王浆口服液、好想你健康情枣（保鲜枣）五星级（特级）、茅台干红葡萄酒铂金系列干红葡萄酒六支优惠装	网页中的商品特性部分表述"中国驰名商标"。	1万	北京市工商局朝阳分局
1号店	红星二锅头56度和古越龙山库藏金5年花雕酒500ml	自2015年1月2日起，当事人通过1号店网站对外发布了两款酒类商品的广告，其在宣传上述商品的广告中使用了"中国驰名商标"等用语。上述两款酒类商品是当事人分别从北京糖业烟酒集团有限公司和上海龙川酒业发展有限公司处订购并对外进行销售的。	10万	上海市工商局自由贸易试验区分局

电商合同违法案件分析

客观而言，7户电商在格式合同管理方面都做得很好，亚马逊、当当、1号店、易迅、苏宁易购未见此类案件，即使有相关记录的京东和国美在线，各自也都只发生了1起合同违法行为。

2件合同违法案件也均为同一性质——都违反了《合同违法行为监督处理办法》第十一条第一款第（四）项，构成排除消费者解释权的行为。

该法条规定：经营者与消费者采用格式条款订立合同的，经营者不得在格式条款中排除消费者下列权利：……（四）解释格式条款的权利；……

从涉案商品或服务看，2件案件均为网购促销活动。其中，京东是开展"京东郎酒节"活动，国美在线是开展名为"一起来28，免单大作战"的网购促销活动。

但在设置格式条款内容方面，2件案件有所差别。京东是在网页注明"本次活动最终解释权归四川郎酒集团所有"。而国美在线是在具体活动规则中，制定了"国美在线对本活动有最终解释权"的格式条款。显然，京东是由平台上的网店制作的格式条款，但国美在线是电商平台自己制作的格式条款。

2件案件均依据《合同违法行为监督处理办法》第十二条的规定处罚。该法条具体内容为：当事人违反本办法第六条、第七条、第八条、第九条、第十条、第十一条规定，法律法规已有规定的，从其规定；法律法规没有规定的，工商行政管理机关视其情节轻重，分别给予警告，处以违法所得额三倍以下，但最高不超过三万元的罚款，没有违法所得的，处以一万元以下的罚款。

从实际罚款看，北京市工商局开发区分局、上海市嘉定区市场监管局分别对京东和国美在线罚款5000元，处罚幅度都在法定中限。

表44　电商合同违法案件一览表

涉案电商	涉案商品或服务	表现形式	罚款（元）	办案机关
京东	"京东郎酒节"活动	在网页注明"本次活动最终解释权归四川郎酒集团所有"	5000	北京市工商局开发区分局
国美在线	"一起来28，免单大作战"的网购促销活动	在活动规则中注明"国美在线对本活动有最终解释权"	5000	上海市嘉定区市场监管局

第八章　淘宝天猫网店案件分析

在电商行业，作为 C2C（第三方经营者对消费者）的先锋和代表，淘宝和天猫起步早、发展快，目前是中国电商行业当之无愧的行业老大。与前述 7 户 B2C 电商各自拥有大量的自营业务不同，淘宝和天猫基本上都是入驻商家即网店在经营。

本次抽样调查，我们选择了分别位于北京、上海、广东、福建、山西、安徽、浙江 7 个省市的天猫商城、淘宝网、阿里巴巴网、天猫超市平台上的网店，收集其违法案件 62 件，时间范围从 2014 年 1 月 1 日至 2015 年 9 月 2 日。

由于这些案件的当事人都是淘宝天猫上的网店，而非淘宝天猫网的实际运营商阿里巴巴集团旗下的公司，因此，我们将这些网店的案件进行集中单独分析，从一个侧面反映淘宝天猫网购平台上的违法现象。

其中，涉及天猫商城上的网店的违法案件为 52 件，淘宝网的为 4 件，阿里巴巴网的为 4 件，天猫超市的为 2 件。

在上述 62 件案件中，从案件查办地域看，上海的数量远远多于其他 6 个地方，共有 53 件，其他地区如北京是 1 件，山西 1 件，浙江 1 件，安徽 2 件，福建 2 件，广东 2 件。

从网络平台看，上海查处的天猫商城网店的违法案件的数量，远远高于淘宝网、阿里巴巴网、天猫超市等平台，共有 33 件，只有 10 件涉及其他平台，分别为：淘宝网店 4 件，阿里巴巴网店 4 件，天猫超市网店 2 件。北京等 6 个地方公示的 9 件案件的涉案当事人，也均为天猫商城上的经营者。

从案件类型看，单一违法的案件占多数，有 52 件。复合违法的案件有 10 件，其中包含两个违法行为的案件有 9 件，3 个违法行为的有 1 件。62 件案件的性质包括 5 类，分别为不正当竞争、违法广告（包括食品等广告）、商品质量违法、商标侵权和市场主体准入。

从案件适用法律法规看，主要分为 3 类。一是法律，包括《反不正当竞争法》《消费者权益保护法》《质量法》《广告法》《商标法》《公司法》。二是部门规章，如《公司登记管理条例》《网络交易管理办法》《零售商促销行为管理办法》《食品广告发布暂行规定》《广告管理条例施行细则》。三是地方性法规，如《福建省实施〈中华人民共和国反不正当竞争法〉办法》《上海市消费者权益保护条例》《上海市反不正当竞争条例》《深圳经济特区产品质量管理条例》。

从案件查处时间看，收集到的案件大部分是 2015 年的，2014 年的案件仅有 5 件。这与国务院《企业信息公示暂行条例》及国家工商总局配套规章《工商行政管理行政处罚信息公示暂行规定》于 2014 年 10 月 1 日起正式施行直接相关。

从案源看，各地查处的网店案件主要来自浙江省杭州市（即淘宝和天猫经营者所在地）市场监督管理局案件移送、12315 投诉举报以及执法人员日常检查。其中，各地收到的杭州市市场监督管理局移送的案件有 10 件。

表 45 淘宝天猫网店违法案件数量分布

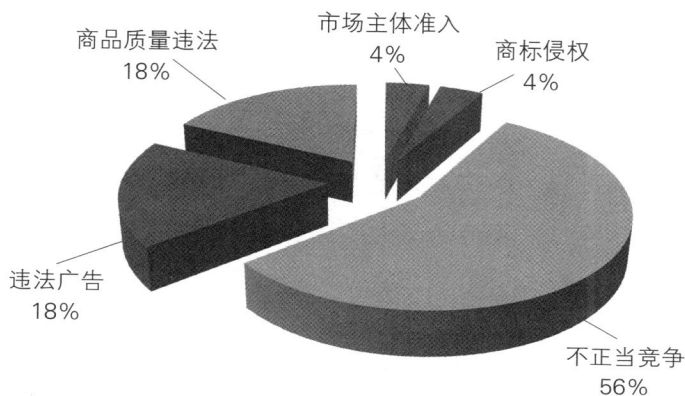

案件类型	涉案件数	占总数比
不正当竞争	44	56%
违法广告	14	18%
商品质量违法	14	18%
市场主体准入	3	4%
商标侵权	3	4%

第一节　网店不正当竞争案件

我国《反不正当竞争法》列举了 11 种不正当竞争行为。与前述 7 户电商相同，淘宝、天猫网店违法案件中，不正当竞争案件也占了大多数，共有 44 件，所占比例高达 56%，超过了 7 户电商的 44%。

这些网店的不正当竞争案件中，也虚假宣传类案件最多，有 37 件；虚构交易类案 5 件，二者占到了不正当竞争案件的 96%，这与前述 7 户电商的 96% 的比例完全吻合。另外有欺骗性抽奖类案件 1 件，促销未明示促销原因期限 1 件。

由此看来，虚假宣传是全国电商行业最大的问题。无论哪个网购平台，无论是自营电商还是平台网店，虚假宣传是最易发、最高发的案件种类，也是其最应当防范的问题。

表现形式

1. 网店虚假宣传

虽然同为电商，虽然同为虚假宣传，但淘宝、天猫网店在这方面的违法表现，与前述 7 户电商还是有很大的区别。

（1）天猫商城虚假宣传案件

在天猫商城网店的虚假宣传案件中，虚假宣传的内容分别为功能、制作成分、荣誉、认证、价格、品牌、数量、产地和数据，共 9 个方面。

其中，荣誉和功能两个方面所占的比例较高，前者占到 36%，后者占到 25%。

在功能表述虚假上，大部分都与保健相关、夸大产品保健作用，如 "有效预防 MERS 病毒""修复头皮""加强肠胃蠕动，塑身又排毒""最佳女性抗衰老营养补充品""促使腿部肌肉有力""对心脏病高血压有一定疗效"等。

在荣誉表述虚假上，这些网店当事人特别喜欢用"第一"这个字眼，但都拿不出相应的证据材料证明。如"淘宝搜索香薰本店排名第一名""NO.1 全网销售第一""智利橄榄油第一品牌""全网刹车盘销量第一品牌"等，不一而足。

表 46 列出了这些案件的具体表现形式。

表 46　天猫商城网店虚假宣传内容占比

虚假宣传内容	案件数量
荣誉	13
功能	9
认证	4
制作成分	3
品牌	3
数量	1
价格	1
产地	1
数据	1

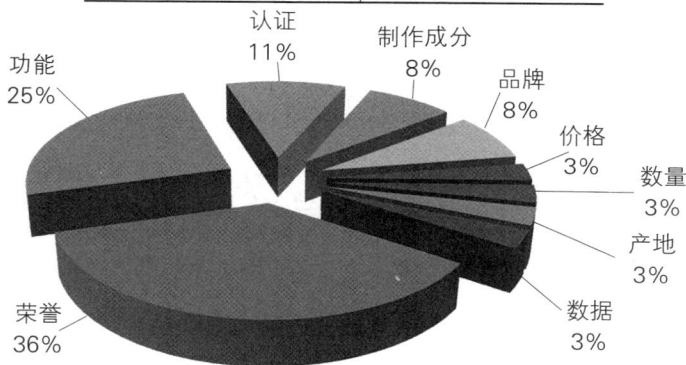

（2）网店虚假宣传案件

在 8 件淘宝网、天猫超市、阿里巴巴网店违法案件中，涉及虚假宣传的有 5 件，也是占据大多数，其虚假宣传的内容包括数量、制作成分、价格及认证。其中，涉及数量的有 2 件，包括夸大自身员工多、厂房大、出口额高、销售量多，这类表述在前述 7 户电商中绝无仅有。案件的处罚幅度在 0 到 2 万元之间。

表 47　天猫商城网店虚假宣传表现形式

虚假内容	网店名及当事人		表现形式	处罚（元）
功能	联珏居家日用专营店	上海联珏商贸有限公司	在网页宣传所销售的滴露消毒液"有效预防 MERS 病毒"，无证明材料。	1 万
	COCOES-SENCE 旗舰店	上海雅素电子商务有限公司	销售的"水润蛋白控油防脱香芬洗发露"宣传"养发防脱"、"控油防脱……促进秀发生长"、"深层杀菌……修复头皮"等内容，无证明材料。	2 万
	资葆化妆品旗舰店	上海冰炫贸易有限公司	宣称"资葆舒润紧肤复方精油"产品，"通过 100 多万例的真实用户的反馈，有效针对肌肉型，脂肪型赘肉均有显著效果"，实际当事人对上述结果并无事实依据。	1 万
	微软中国官方旗舰店	翘致（上海）贸易有限公司	将惠普"Stream 7"平板电脑的网络类型参数标为"TD-LTE/TD-SCDMA/WDCMA/GSM"，而经查证，仅为"WIFI"，即只通过无线设备上网，而并无 TD-LTE/TD-SCDMA/WDCMA/GSM 功能。	1 万
	花语者旗舰店	苏州左扬生物科技有限公司	对芦荟胶商品宣传："正品花语者芦荟胶祛疤祛痘印完美面膜保湿美白补水面霜修复啫喱"、"含有天然的保湿因子和 50 倍吸水力的玻尿酸，可提升肌肤 95% 的水分"、"蕴含天然自由基，收敛细嫩肌肤、抑制黑色素、白皙嫩滑"等，无法提供上述内容的依据，夸大失实。	2 万

续表

虚假内容	网店名及当事人	表现形式	处罚（元）
功 能	天猫居康 居康（上海）实业有限公司	型号为JFF021C4的第四代塑身机附带的产品《用户指南》中的第二页中，当事人作了"产品特点：20.预防骨多孔症并增强骨质密度；22.可用于手术后的康复及肌肉强化运动；23.刺激人体体内荷尔蒙分泌；24.强化体质循环，增强内脏功能，强化组织和达到皮肤美容效果"的介绍，在第三页中作了"改善体质、提高免疫力。能改善及促进局部血液循环，缓解关节、肌肉疼痛并有效治疗肌肉劳损，消除您的疲劳，同时兼养气生血，让你在轻松的运动中强身健体，增强抗病力，提高免疫力"、"促进肠胃蠕动，通过振动按摩有效刺激相关穴位从而加强胃肠蠕动，能彻底改善及治疗便秘，排出体内毒素。让你在轻松瘦身的同时容光焕发"的介绍。经查，上述内容是当事人通过客户反馈搜集整理而成，并无有效的科学依据。	7万
	黄药师旗舰店 上海道济生物科技有限公司	宣传"黄药师脚气净"产品："可以明确告知你百分百有效果……宝贝特点：1.速度快：轻度脚气7天可以消除（脚痒、脚臭）一套就可以，中重度患者使用0-15（三套）症状可以完全消除。2.能根除：断绝真菌，永不复发！！！彻底解决了当时治好了，过一段又复发的难题……"据调查，"黄药师脚气净"产品包装上的"产品说明"一栏内容为：适用于脚气、脚臭、汗脚、湿疹、烂脚丫、脱皮、手癣、体癣、灰指甲、蚊虫叮咬的抑菌，消毒。具有抑制癣真菌生长、清热燥湿、快速止痒止汗、洁肤等作用。对上述宣传，当事人不能提供依据证明。	1万
	gnc健安喜旗舰店 上海宝尊电子商务有限公司	发布"GNC是以成为美国第一营养品牌为骄傲……OPC是世界公认的最佳女性抗衰老营养补充品……超强纯天然抗氧化剂"内容，系当事人编撰而成，没有相应事实依据。	2万

续表

虚假内容	网店名及当事人		表现形式	处罚（元）
功能	清和食品专营店	山西清和商贸有限公司	销售"杏井竹白酒"时宣传该产品对心脏病、高血压和关节炎有一定疗效，当事人提供不出疗效的证据，此行为涉嫌对商品作引人误解的虚假宣传。	1万
	agsdon 奥古狮登舍蒙专卖店	泉州舍蒙商贸有限公司	对商品（奥古狮登2015夏季网面摇摇鞋透气韩版运动休闲鞋单鞋增高女鞋）的宣传时，称这款鞋"激活全身被忽视的肌肉，增加9%臀部肌肉活动，增加19%后大腿肌肉活动""现在静下心来，听一下身体上的效果：走路姿势端正了，驼背或腰痛不再有了，下体筋力充足了，腿部肌肉有力了……心肌梗塞好了，血液循环畅通了"等字样及图片标示。对上述内容，当事人没有得到科学论证。	1万
制作成分	（已注销）	上海阅凡商贸有限公司	"霸王滴甲灰甲抑菌液"产品介绍中宣传"纯植物配方，无添加"，"纯中药、硬口碑"，"每年解决数百万人灰甲困扰"等内容。而事实上，当事人所售产品含有冰醋酸、水杨酸两种化学成分，并非其宣传的纯植物配方，纯中药，也无数据证明其产品每年解决了数百万人灰甲困扰。	1万
	巧罗旗舰店	上海巧罗食品有限公司	将18种产品标注为"松露巧克力"，将23种产品标注为"进口料"，将13种产品同时标注为"松露巧克力"和"进口料"。当事人标注为"松露巧克力"的产品规范名称应为"松露形巧克力"，不含松露成分；当事人标注为"进口料"的产品，其原料并非全部进口。当事人对上述相关产品的宣传与事实不符。	5万
	奥朵家居专营店	上海奥朵家饰用品有限公司	E14螺口节能灯的商品详情页面上宣称该产品原材料成本89%。事实是，产品是通过其他厂家代工，也没有标准车间，E14螺口节能灯的原材料成本是63.8%。	1万
荣誉	COCOES-SENCE旗舰店	上海雅素电子商务有限公司	宣传"遇见香芬沐浴露"同时宣传"全网销量第一"、"好评第一、回头率第一"等内容，无证明材料。	2万

续表

虚假内容	网店名及当事人		表现形式	处罚（元）
荣誉	亮奎食品专营店	亮奎贸易（上海）有限公司	销售爆米花时称："爆米花领导品牌"、"销量第一"、"全国唯一专业化无尘、恒温、恒湿生产车间"、"全国唯一专业爆米花自动筛选机"、"国内首创的美式焦糖"等内容。当事人为提升品牌形象、增加销量而使用上述宣传用语，均无法提供相关证明材料。	1万
	九月六号旗舰店	上海可居建筑材料有限公司	发布包含有"淘宝搜索香薰本店排名第一"等字样的广告。经查实：对淘宝网进行"香薰"关键词检索、并且按照"销量"或"价格"从高到低、从低到高进行排名的检索结果，显示当事人的"九月六号旗舰店"均非排名第一；对淘宝网进行"无火香薰"关键词检索、并且按照"销量"或"价格"从高到低、从低到高进行排名的检索结果，显示当事人的"九月六号旗舰店"均非排名第一。该检索结果与当事人在该网店宣称的"淘宝搜索香薰本店排名第一"事实不符。	1万
	天猫尊尚深科专营店	上海深科电子商务有限公司	宣传所销售的"尊尚电动滑板车"："各大媒体争相报道，尊尚系列电动滑板车"文字介绍，配有各种报纸、电视节目的相关图片材料，内容不属实；网店主页的"品牌故事"中称："屡获殊荣的尊尚品牌"，并在文字下方配有6个奖项的实物图片和对应的文字说明，实际这些奖项只是当事人获得的奖项，和尊尚品牌无关联性。	2万
	奥朵家居专营店	上海奥朵家饰用品有限公司	1. 宣称："AOZZO奥朵，就是世界级品质，它让我们拥有了国内同行没有的1座世界级的标准车间。" 2. 当事人在百度百科中宣称："上海奥朵家饰用品有限公司是一家专业的家居家饰生产商……产品主要出口法国、英国、韩国……上海奥朵家饰用品有限公司取得了世界上最苛刻的欧盟及美国产品认证证书。"事实是，当事人是一家销售各种灯具的贸易公司，不进行生产，产品不对外出口，也未取得美国产品认证证书。	1万

续表

虚假内容	网店名及当事人		表现形式	处罚（元）
荣誉	也买酒官方旗舰店	也买（上海）商贸有限公司	宣传"黄尾袋鼠西拉"红酒"全世界销量最大澳洲品牌之一；澳洲出口 NO.1、全球销量 NO.1、香港销量 NO.1、美国销量 NO.1"等，内容实为杜撰。	1万
	汶纳儿车品旗舰店	上海悦同汽车用品有限公司	在"大众新速腾尚酷夏朗 LED 日行灯"的页面中标注"质量第一，销量第一"、"德国技术 COB 光源"、"德国顶级 COB 光源技术"等与实际不符的内容。 后来，当事人对上述产品销售页面进行修改，去除了"质量第一，销量第一"的内容，但仍标注了"德国技术 COB 光源"、"德国顶级 COB 光源技术"等不实内容。	1万
	易存旗舰店	上海易存仓储设备有限公司	页面上发布了："易存双十一再次登顶，销量突破百万，类目品牌排行遥遥领先；十年以来最最低价……"等内容。而事实上，在双十一当天当事人的产品销量仅为6339个，且当事人自成立至今未满4年，上述内容与其在网页中宣传的内容不符。	1万
	BARNET 旗舰店	上海必齐网络科技发展有限公司	使用以下广告用语："BARNET 全网刹车盘销量第一品牌 No.1……"、"实力雄厚的生产车间，我们拥有整洁环保的厂区，进口设备数十条高端生产线的加工车间……"、"BARNET（邦内特）"拥有自己的实体公司，多个高端生产线和技术团队……"、"淘宝刹车制动配件销量第一品牌"、"BARNET 陶瓷制动片引进德国设备和技术，由全自动精密数控设备生产……"等等文字内容，同时网页中还插放有一系列证书的图片，具体有商标注册证、国际质量体系认证证书、GB 标准证、生产许可证等。经调查发现，当事人没有取得在网页中所显示的上述各类证书，也没有自己在网页中宣称的实体生产工厂。	1.2万

续表

虚假内容	网店名及当事人	表现形式	处罚（元）
荣誉	天猫居康 居康（上海）实业有限公司	当事人在天猫旗舰店和京东商城店铺中，对型号为JFF021C4的第四代塑身机介绍："居康国际品质，国际一流品牌战略代工合作伙伴；世界第一美国爱康品牌代工合作（其中商用塑身机被中国国家体育局选用，单价8万元一台）；德国CASADA品牌代工合作；THE BEAUTY OF MADE IN CHINA大奖"的宣传。这实际是当事人的贴牌生产商浙江××工贸有限公司与上述国外公司进行的合作，上述国外公司与当事人并无合作关系。	7万
	万晶旗舰店 上海万晶装饰有限公司	相框网页上宣传内容写有"上海唯一一家前盖和底盖统一喷砂氧化处理的厂家"，经核实该宣传内容虚假。	
	bywoky旗舰店 上海沃祺皮具有限公司	bywoky男士真皮皮带发布"NO.1全网销售第一"的宣传字样。当事人对其不能提供相关的证明材料。	5万
	欧莱薇旗舰店 上海马柯炜尔食品有限公司	称"智利销量第一品牌"、"全网唯一天然果酸值≦0.2%"、"欧莱薇 智利橄榄油第一品牌"、"欧莱薇．智利本土橄榄油销量第一品牌"、"全网唯一天然果酸值≦0.2%特级初榨橄榄油品牌，品质远远高于市场其他特级初榨橄榄油"、"精选最佳品种橄榄果，采用顶级现代离心分离物理工艺直接提取橄榄油，杜绝其他化学添加炼制"、"伦敦《金融时报》评选全球橄榄油品牌排名：第二名"和"金奖Gold洛杉矶国际特级初榨橄榄油评选欧莱薇柠檬味有机橄榄油获金奖"等内容。上述内容没有相关证据材料可以证明。	5000
认证	蔓斯teavase旗舰店 上海秦味商贸有限公司	"大麦若叶青汁粉末"的产品对外宣传该产品为有机产品。经查，当事人及其委托生产商上虞市某麦业有限公司并未获得中国有机产品认证。	1万

续表

虚假内容	网店名及当事人		表现形式	处罚（元）
认证	弗思特旗舰店	上海宇捷电子有限公司	"弗思特适用佳能 PG-815 墨盒 CL-816 墨盒 2882592780368 墨盒"的产品页面上的介绍中，发布"公司拥有强大的研发队伍，专业的研究室，尖端的原料检测设备，科学的工艺流程，严格的质量管理体系（已通过了 SGS 国际认证、ISO9001 质量管理体系和 ISO14001 环境管理体系认证）"的宣传内容，实际上当事人并未通过"SGS 国际认证、ISO9001 质量管理体系和 ISO14001 环境管理体系认证"。	1万
	缔一家居专营店	上海缔一装饰工程有限公司	网页上发布了"企业通过国家/国际性行业标准：企业通过了 iso9001:2008、ISO14000:2004、IECQ QC080000：2005 等国际通行体系认证；取得了国家医疗领域消毒器械卫生许可证、医疗器械生产许可证、医疗器械注册证等相关认证；通过了 CE/ROHS 等国际性行业标准认证"的内容。经查实，当事人只是一家销售灯具的网店，并未取得相关机构认证。	1万
	欧莱薇旗舰店	上海马柯炜尔食品有限公司	在没有取得中国有机产品认证证书的情况下，在网页的产品宣传中使用了"智利原瓶进口，有机橄榄油"和"国际品质认证，有机橄榄油"等用语。	5000
价格	COCOES-SENCE旗舰店	上海雅素电子商务有限公司	宣称销售的"女士香芬沐浴露"到 2015 年 7 月 15 日将从 29.8 元/瓶提高至 38 元/瓶销售，但实际 7 月 15 日该产品降价到 22.8 元/瓶销售。	2万
品牌	芯鲜数码专营店	上海芯鲜科技有限公司	当事人销售的手机特效镜头商品宣称是卡塞（KAssA）牌，"型号：PL01"，实为广州峰尚电器有限公司生产，品牌为"猎奇"，型号有 LQ-011 和 LQ-011NEW 等。	2万

续表

虚假内容	网店名及当事人	表现形式	处罚（元）
品牌	资葆化妆品旗舰店 上海冰炫贸易有限公司	发布"净肤薰衣草复方精油，品牌：资葆，品牌属地：法国"、"作为法国知名药妆品牌——资葆 SR 有着广泛的客户群体：资葆药妆品牌凭效果推广在法国 Pharmacie、美国 Walgreen、日本松本清等药妆连锁、资葆进入法国药妆连锁 PHARMACIE"、"资葆是法国顶级药妆护肤品牌、资葆更是顶级美容奢侈品品牌"的内容。经核实，当事人销售的资葆化妆品系委托上海和生化妆品有限公司所生产，商标在中国注册，仅在中国境内销售，上述宣传的内容明显与实际情况不符。	1万
	gnc 健安喜旗舰店 上海宝尊电子商务有限公司	发布"自 1981 年，JACK WOLFSKIN 就开始为户外运动、休闲和旅行生产专业的服装……是欧洲户外用品市场上的主要品牌，和德国运动用品零售行业最大的经销商……"等内容。经核查，上述内容系当事人编撰而成。	2万
数量	车品弘智专营店 上海佳饰车电子商务有限公司	"亿力高压洗车机"网页宣传内容中含有："亿力世界知名品牌，世界三大洗车机制造企业之一——亿力成立于 1983 年，30 年来品牌与产品闻名世界，远销世界 60 多个国家和地区，年销售洗车机约 100000000 台"等文字介绍，实际年销售数据是虚构的。	2万
产地	（已注销） 上海柯楠网络科技有限公司	一款项链描述为"secret love 美国正品 红珊瑚洛世奇元素人工水晶女士长款项链"。在案件调查中，当事人供述上述商品既非美国进口也非美国生产，关于"美国正品"的内容为其杜撰，目的是为了提高产品的知名度。	1万

续表

虚假内容	网店名及当事人		表现形式	处罚（元）
数据	欧莱薇旗舰店	上海马柯炜尔食品有限公司	列举了自己所销售的"智利进口欧莱薇橄榄油"和竞争对手的"普通进口橄榄油"、"国内分装贴牌橄榄油"在"气味"、"口感"、"酸度"、"使用原料"、"工艺技术"、"土地环境"、"销售"以及"监管"等方面的相关数据，当事人通过对上述数据进行对比评价，来证明自己销售的产品各项技术数据都优于其他竞争对手的品牌产品。经过核实，上述数据为当事人编造，无相关事实依据。	5000

表48　淘宝网、天猫超市、阿里巴巴网店虚假宣传表现形式

虚假内容	电商平台	当事人	表现形式	处罚（元）
数量	阿里巴巴	上海朋艾工贸有限公司	当事人在阿里巴巴上设立网站并发布网页广告。网页上宣传："上海朋艾工贸有限公司现已拥有三家股份制合作工厂和自己的独资工厂，员工人数301人至500人，厂房面积2万平方米，产品主要销往日本、东欧及我国港澳台地区……年出口额人民币301万元至500万元。"当事人对上述宣传无法提供相关材料证明。	2万
认证	阿里巴巴	上海豪惠实业有限公司	当事人在阿里巴巴设立网站，并在网页"公司档案"页面自行上传发布内容，宣称："上海豪惠实业有限公司成立于2000年，公司拥有现代化标准厂房两栋，占地3900平方米，高级工程师5名，中级工程师12名，并已通过ISO9001、2008版国际质量管理体系认证。"而实际上，当事人成立于2010年1月，无生产加工厂房、设备与人员，无中高级工程师，未通过ISO9001、2008版国际质量管理体系认证。	1万
价格	淘宝网店	上海尊者贸易有限公司	当事人在网店发布"79仅此一天包邮"字样的促销广告。据当事人称，广告含义为"单件商品价格79元，包邮，优惠仅限当天"。根据消费者提供的截屏材料，当事人在促销活动结束后，未将该促销广告删除，客观上构成了引起消费者误解的事实。	0（警告、批评）

续表

虚假内容	电商平台	当事人	表现形式	处罚（元）
制作成分	淘宝网"翻糖乐园"、"上海德伯"	兰元海	当事人在两家网店均发布"英国 DAB 德伯进口翻糖工具""英国 DAB 进口翻糖膏"以及"DAB 英国进口翻糖膏原材料为英国原产，不添加防腐剂、增白剂以及香精香料，不含鸡蛋、反式脂肪酸和牛奶，健康安全，产品符合欧盟食品卫生标准，清真食品和伊斯兰戒律"等文字表述。经查，其翻糖膏均采购自日本，并非英国原产，与英国德伯公司也没有关系。其网站发布的宣传内容均系当事人自行杜撰。	2 万
数量	淘宝网"可乐惠旅行开始的地方"	李惠玲	2014 年 11 月初，为配合双十一促销活动，当事人淘宝店店员在"ito 正品 可乐惠拉杆箱"产品介绍页面添加了以下内容："'淘宝热销单品，累计销售 7 万件'；'明星单品 镇店之宝 CLASSIC 累计销售超过 30 万只'。"经核实，当事人淘宝店自 2010 年上架销售"ito 正品 可乐惠拉杆箱"起，至 2015 年 1 月 4 日累计销售该箱包 2 万只，上述宣传内容与事实不符。	1 万

2. 网店虚构交易

前述 44 件不正当竞争案件中，有 5 件虚构交易案，其中 3 件涉及天猫商城上的网店，2 件涉及淘宝网的网店。

这些网店虚构交易的手法都是"刷单"，目的都是"刷信誉"，即通过虚构交易的方式，增加商品销售量，通过互相给好评的方式增加自己的信誉指数。

此类案件的处罚金额，一般与通过虚构交易获得的违法所得直接相关，处罚幅度在 5000 元至 5.5 万元不等。

虚构交易的危害性前面已经论述过。有办案机关在处罚文书中一语中的：虚构交易量和提高好评率，从而使网店综合排名靠前，消费者点击率增加，提高产品销量，获取更大利润的目的。其行为违背了诚实信用的市场交易原则，扰乱了公平竞争的经济秩序。

不过，纵观这 5 件虚构交易案件，可以看出，淘宝网和天猫网电商平台运营商（分别为浙江淘宝网络有限公司、浙江天猫网络有限公司）本身没有参与其中，这一点与前述的国美在线虚构交易案（见第33页表12）有些不同。国美在线虚构交易案中，突出的表现是运营商上海国美在线电子商务有限公司参与并主导了虚构交易虚刷好评。其性质恶劣的不同也可以从处罚结果表现出来。表49的案件中，最高是处罚5.5万元，而国美在线是被重罚16万元。

至于这些网店是如何虚构交易的，可以看看表48中的表现形式。

3. 网店违法促销和欺骗式有奖销售

这两类案件数量较少，在总数62件中仅占2件，且仅见于天猫商城。案件处罚幅度在2万至3.2万元之间。

天猫马卢达旗舰店由临安百依邦服饰有限公司经营。该网店为了"双十一"促销，于2014年11月4日在其网站上发布了有奖销售内容的活动页面，内容有：（1）0：00—03：00，付款最高金额前300名免单，最高免单金额500元，高于500元以上直接返现500元；（2）4：00—9：00，实际支付金额满588元，前1111名赠送，小米充电宝（10400mAh）；（3）10：00—13：00，实际支付金额满688元，前111名赠送天猫魔盒……

表 49　淘宝网、天猫商城网店虚构交易表现形式

涉案电商	当事人（网店）	表现形式	处罚（元）
天猫商城	上海湘谊贸易有限公司（湘谊旗舰店）	当事人自发布陈某西施壶产品信息后，通过QQ群搜索"淘宝刷单"字样，随后加入一个名为"品源群"的QQ群。通过该群与刷单人员联系，由刷单的人员在网上拍下当事人天猫网店内的产品，然后当事人接单后，实际不发刷单人员拍的产品，换成不值钱的物品快递给刷单人员，最后刷单人员确认收货，完成刷单。当事人将拍下的费用（指拍下后刷单付费）加上谈好的刷单费用（劳务费用），通过银行账号支付给刷单人员，从而完成刷单。经确认，陈某西施壶产品刷单比例为50%，即实际交易量只有网页显示的一半。	2万

续表

涉案电商	当事人（网店）	表现形式	处罚（元）
天猫商城	佛山市筑尚居贸易有限公司（筑尚居家居专营店）	当事人通过与其他网店相互"刷单"或找人进行"刷单"，虚构天猫网店交易量和提高好评率。与其他网店相互"刷单"时，当事人按照当事人制定的"刷单"计划通过QQ或旺旺自己在网上联系其他网店，双方达成相互刷单的约定后，客服购买对方网店指定的商品，同时对方也会购买当事人网店中指定的商品，之后一个星期左右时间，双方确认收货并给予对方好评，如双方购买的商品有差价则通过支付宝转账补足，双方都不会真实发货，有时对方会发些低价小商品，伪装成发货，从而完成整个交易流程。 当事人销售的商品都是大件、易碎的陶瓷制品，都不适合快递的形式发货，大部分采取货运的形式，所以可以不在天猫网那边上传物流信息。 当事人找他人"刷单"时，按照制定的"刷单"计划，在网上寻找外面专门"刷单"的人来完成"刷单"的任务。这些人按照约定购买当事人网店中指定的商品，一个星期左右时间，确认收货并给予当事人网店和商品好评，当事人通过员工的支付宝将货款及给付对方的刷单费转账给对方，刷单费为每笔交易3元。从2014年7月至被查处时，当事人通过"刷单"虚构了329笔交易，金额为190607元；给其他网店"刷单"的交易共79笔，交易金额56800.6元。	5.5万
天猫商城	莆田市佳杰子电务商公司有限	当事人为了提高网店的信誉度、星级、交易量等，采用刷单的方式，给顾客发空单，并委托中介帮其做刷单业务.截至2015年4月10日被查处，当事人刷单的经营额有6万元。	1.1万
淘宝网	兰元海（翻糖乐园、上海德伯）	当事人为提高网店知名度，通过他人在网络上为其两家网店"翻糖乐园""上海德伯"进行虚假的交易和点评，并在2014年11月支付了2万元人民币推广费。（与虚假宣传合并处罚）	2万
淘宝网	夏俊（蔚蓝VS的天空）	2012年起，当事人通过网络找到多个互刷信誉的QQ群，并且通过其注册的名为"泪痕"的QQ账号与刷信誉群内其他淘宝经营者约定通过互拍等价物品，但不实际交付货物的形式，互相给予好评，提高各自的信誉。通过以上虚假交易方式，当事人将其淘宝店的信誉提升到了皇冠等级。	5000

经估算，实物奖品金额为 20 余万元，免单总额最高可达 51 万元。活动结束后，该网店虚构全部中奖人员名单并在网站上公布。活动日里，产生成功订单 1025 笔，交易金额 18.3297 万元。

天猫 gnc 健安喜旗舰店由上海宝尊电子商务有限公司经营。这家网店自 2014 年 6 月起，在天猫飞利浦官方旗舰店对飞利浦品牌的产品进行促销活动，未明示促销原因、促销期限等；自 2014 年 7 月起，在天猫健安喜旗舰店对产品进行促销活动，未明示促销原因、促销期限等。

定性适用法规

对上述淘宝天猫网店的不正当竞争行为，北京、上海、广东、福建、山西、安徽、浙江等七地工商、市场监管机关均进行了处罚，但各地适用定性的法规则不尽相同，共有 14 部之多，其中适用最多的当然还是《反不正当竞争法》。

1. 对虚假宣传行为的法律定性

对于虚假宣传类案件，各地最普遍的是适用《反不正当竞争法》第九条第一款予以定性，也有个别案件适用《消费者权益保护法》。

除了法律，各地还充分运用地方法规认定《反不正当竞争法》中没有明确规定的不正当竞争行为，如《上海市反不正当竞争条例》《福建省实施〈中华人民共和国反不正当竞争法〉办法》。

实践中，即使在同一地区，不同执法机关对案件的定性也不尽相同，如表 50。

表 50　淘宝天猫网店不正当竞争案件定性适用法规

适用法律法规	案件数量
反不正当竞争法	26
产品质量法	10
广告法	8

续表

适用法律法规	案件数量
上海市反不正当竞争条例	8
消费者权益保护法	5
网络交易管理办法	5
公司登记管理条例	4
食品广告发布暂行规定	3
上海市消费者权益保护条例	3
商标法	2
化妆品广告管理办法	2
零售商促销行为管理办法	1
福建省实施《中华人民共和国反不正当竞争法》办法	1
深圳经济特区产品质量管理条例	1

表51　天猫商城网店虚假宣传定性适用法律实例

网店名称	当事人	定性适用法律规定
联珏居家日用专营店	上海联珏商贸有限公司	《反不正当竞争法》第九条第一款
芯鲜数码专营店	上海芯鲜科技有限公司	《消费者权益保护法》第二十条第一款
奥朵家居专营店	上海奥朵家饰用品有限公司	《上海市反不正当竞争条例》第十四条第一款及第二款第（五）项
agsdon奥古狮登舍蒙专卖店	泉州舍蒙商贸有限公司	《福建省实施〈中华人民共和国反不正当竞争法〉办法》第七条第一款第（五）项

2. 对虚构交易行为的法律定性

各地工商、市场监管机关针对虚构交易案定性适用的法律规定相对集中，基本上都是沿用《网络交易管理办法》第十九条第（四）项。

该法条内容为：网络商品经营者、有关服务经营者销售商品或者服务，应当遵守《反不正当竞争法》等法律的规定，不得以不正当竞争方式损害其他经营者的合法权益、扰乱社会经济秩序。同时，不得利用网络技术手段或者载体等方式，从事下列不正当竞争行为：（四）以虚假宣传、删除不利评价等形式，为自己或他人提升商业信誉……

如在天猫商城筑尚居家居专营店一案的行政处罚决定书中，办案机关指出，当事人通过"刷单"的形式虚构天猫网店交易量和提高好评率，从而使网店综合排名靠前，消费者点击率增加，提高产品销量，获取更大利润的目的。其行为违背了诚实信用的市场交易原则，扰乱了公平竞争的经济秩序，违反了《网络交易管理办法》第十九条第（四）项"以虚构交易、删除不利评价等形式，为自己或他人提升商业信誉"的规定，属于通过以虚构交易的形式为自己或他人提升商业信誉的不正当竞争违法行为。

3. 对违法促销和欺骗式有奖销售行为的法律定性

欺骗式有奖销售和违法促销也都有专门的法律规定条款予以规制，主要涉及《反不正当竞争法》和《零售商促销行为管理办法》。

在天猫商城马卢达旗舰店（临安百依邦服饰有限公司）一案中，办案机关就明确指出了定性依据：《反不正当竞争法》第十三条第一款第（一）项"经营者不得从事下列有奖销售：采用谎称有奖或者故意让内定人员中奖的欺骗方式进行有奖销售"。

而在天猫商城 gnc 健安喜旗舰店（上海宝尊电子商务有限公司）一案中，办案机关在文书中明确：当事人的行为，根据《零售商促销行为管理办法》第七条第一款"零售商开展促销活动，应当在经营场所的显著位置明示促销内容，促销内容应当包括促销原因、促销方式、促销规则、促销期限、促销商品的范围，以及相关限制性条件等"的规定，构成零售商开展促销活动，未明示促销原因、促销期限等的行为。

处罚结果

在网店不正当竞争案件中，大部分案件在定性时适用的法规名称，与对当事人进行处罚时适用的法规是一致的。

但有些虚假宣传案件和网络虚构交易案件适用了《网络交易管理办法》第十九条第（四）项予以定性。不过，在适用《网络交易管理办法》第五十三条予以处理时，该法条进行转致，明确规定按照《反不正当竞争法》第二十四条的规定处罚。

表 52　网店不正当竞争案件法律适用实例

案件类型	网店名称	当事人	适用法律定性	适用罚则
虚假宣传	联珏居家日用专营店	上海联珏商贸有限公司	《反不正当竞争法》第九条第一款	《反不正当竞争法》第二十四条第一款
	芯鲜数码专营店	上海芯鲜科技有限公司	《消费者权益保护法》第二十条第一款	《消费者权益保护法》第五十六条第一款第（六）项、《反不正当竞争法》第二十四条第一款
	奥朵家居专营店	上海奥朵家饰用品有限公司	《上海市反不正当竞争条例》第十四条第一款、第二款第（五）项	《上海市反不正当竞争条例》第二十七条第一款第（七）项
	agsdon奥古狮登舍蒙专卖店	泉州舍蒙商贸有限公司	《福建省实施〈中华人民共和国反不正当竞争法〉办法》第七条第一款第（五）项	《反不正当竞争法》第二十四条
虚构交易	蔚蓝 VS 的天空	夏俊	《网络交易管理办法》第十九条第（四）项	《网络交易管理办法》第五十三条、《反不正当竞争法》第二十四条第一款
违法促销	马卢达旗舰店	临安百依邦服饰有限公司	《反不正当竞争法》第十三条第一款第（一）项	《反不正当竞争法》第二十六条第一款
欺诈有奖销售	gnc健安喜旗舰店	上海宝尊电子商务有限公司	《零售商促销行为管理办法》第七条第一款	《零售商促销行为管理办法》第二十三条

第二节　广告违法案件

抽样调查的淘宝天猫网店 62 件违法案件中，广泛意义上的广告违法案件共有 14 件。其中，涉及违法发布化妆品广告 3 件，食品广告宣传治疗作用 3 件，广告使用最高级用语 4 件，虚假广告 3 件，在广告中使用数据未表明出处 1 件。

相比较虚假宣传类案件，此类案件处罚幅度较小，大多是责令改正，罚款 500 元到 2 万元不等。也许是因为这一类型案件违法所得不高，所以相应的处罚幅度普遍偏小，都没有超过 1 万元。

网店广告违法案件表现形式

这些案件中，4 件使用最高级用语的案件处罚结果差异较大：天猫尊尚深科专营店（上海深科电子商务有限公司）、天猫车品弘智专营店（上海佳饰车电子商务有限公司）均被罚款 2 万元；天猫湘谊旗舰店（上海湘谊贸易有限公司）被免予经济处罚；上海智庭商贸有限公司是被处广告费用一倍罚款。

这些结果与网店广告违法程度紧密相关。以天猫尊尚深科专营店为例，从其处罚文书中了解到，这户网店在所销售的"尊尚电动滑板车可折叠长续航电动车自行车成人代步车锂电便携特价"网页宣传内容中含有："全球续航最远""最强马达""最强制动""最强控制系统"等文字介绍，实际情况是当事人企业员工为了更好宣传该商品的性能自行制作的，没有相关的证明材料。

此外，从 2015 年 6 月 1 日起，天猫尊尚深科专营店还在网页中宣传有"各大媒体争相报道，尊尚系列电动滑板车"文字介绍，并配有各种报纸、电视节目的相关图片材料，实际情况是各大媒体报道的是不针对品牌的电动滑板车，并非特指当事人所销售的尊尚品牌电动滑板车。天猫尊尚深科专营店主页的"品牌故事"栏目中含有"屡获殊荣的尊尚品牌"，并在文字下方配有 6 个奖项的实物图片和对应的文字说明，但实际情况是这些奖项只是当事人获得的奖项，和尊尚品牌无关联性。至案发，网店销售额人民币 44268 元。

根据以上情节，上海市宝山区市场监管局认定天猫尊尚深科专营店的行为违反了《广告法》第七条第二款第（三）项"广告不得使用国家级、最高级、最佳等用语"和《上海市反不正当竞争条例》第十四条第一款"经营者不得利用广告或者其他方法，对商品的价格、质量、性能、制作成份、用途、生产者、有效期限、产地、售后服务以及对推销商品、提供服务附带赠送礼品的品种和数量作引人误解的虚假宣传"的规定。根据这两个法规，该局对网店经营者上海深科电子商务有限公司处罚款 2 万元。

天猫车品弘智专营店的情况有些类似，所以处罚结果相同。这户网店所销售的"亿力高压洗车机家用 220V 电动车载洗车器清洗机便携洗车泵刷车水枪"网页宣传内容中含有"30 年铸就清洗机 全网第一品牌""3 大生产基地——全球在中国最大的生产基地""数据魔方 行业权威数据统一 亿力品牌行业销量第一 本店是亿力品牌中的全网第一""全网唯一具有世界级工艺设计能力的洗车机企业"等文字图片介绍，实际情况是当事人企业员工为了更好宣传该商品自行制作的。

天猫车品弘智专营店网页宣传内容中还含有"亿力世界知名品牌，世界三大洗车机制造企业之一 亿力成立于 1983 年，30 年来品牌与产品闻名世界，远销世界 60 多个国家和地区，年销售洗车机约 100000000 台"等文字介绍，实际情况是上述宣传当事人企业员工根据网络上对亿力品牌的宣传内容自行编辑发布的，年销售数据是虚构的，这样宣传是为了更好地销售商品。至案发，该网店销售额 4.02 万元。

而天猫湘谊旗舰店一案中，上海湘谊贸易有限公司自 2013 年初在网店发布了"湘谊经典的宜兴名家紫砂壶国家助工陈 ×× 全手工紫砂茶壶朱泥扁西施壶"的产品信息。

在上述产品信息介绍页面中含有以下内容"这是湘谊经典的一款西施壶，国家级助工陈 ×× 的得意之作""选择本作品'四大理由'肆折扣·算其'价'陈 ×× 初升助工职称其作品尚未涨幅至正常水平，一个正常助工作品均价都在两千元以上，920 元即能收藏一把助工的作品，创史上最高性价比""本器皿适用场合 品茗实用 紫砂自然是泡茶品茗的最佳伴侣，优势凌驾于任何茶器之上 陈列观赏 作为文化艺术创作品，具备极佳的工艺审美价值""品牌荣誉·全互联网最正规、最有保障的紫砂销售平台"。

上海市青浦区市场监督管理局认定，该网店使用"最佳"等字样的行为违反了《广告法》第七条第二款第（三）项的规定，构成了使用绝对化用语广告的行为，决定作出处罚如下：责令停止发布，公开更正。

在这起违法行为中，天猫湘谊旗舰店没有被罚款。但是这户网店自发布陈 ×× 西施壶产品信息后，通过 QQ 群搜索"淘宝刷单"字样，加入一个名为"品源群"的 QQ 群。通过该群与刷单人员联系，由刷单的人员在网上拍下网店内的产品。网店接单后，实际不发刷单人员拍的产品，换成不值钱的物品快递给刷单人员，由刷单人员确认收货，完成一次刷单。网店根据每一单刷单人员的银行账号，将拍下的费用（拍下后刷单需要支付的费用）加上谈好的具体每一单的刷单费用（劳务费用）支付给刷单人员，从而完成整个刷单行为。经确认，陈 ×× 西施壶产品刷单比例为 50%，即该产品实际交易量只有网页显示交易量的一半。

这种虚构交易被上海市青浦区市场监督管理局依照《反不正当竞争法》罚款 2 万元，并将这两起违法行为记录在一份行政处罚决定书中。

上海智庭商贸有限公司的天猫网店违法情节比较简单。自 2012 年 1 月 1 日起，其网店为加大宣传力度，提高拖鞋产品销售量，在其网站上使用"必买此拖鞋的四大理由：日本技术制作！最舒适最亲肤！再也不用担心清理！性价比最高！""版型解读：产品采用最标准最完美的全球至尊经典款版型设计，简约时尚同时结合人体力学原理，以创新的前端 15 度微扬设计贴合足弓结构，优雅流畅的线性构设在曲直中，将女性的刚柔并济彰显得淋漓尽致"等宣传用语。截至案发，网店用于网站广告宣传费用为 698.8 元。上海市松江区市场监督管理局对其处广告费用一倍即 698.8 元的罚款。

其他 4 类违法行为的处罚幅度差别不大，各地执法机关无论是定性还是处罚所适用的法规，基本与前述 7 户电商的相同，只不过行使的自由裁量权不同。

表 53　天猫网店广告违法案件表现形式

违法性质	网店及当事人	表现形式	罚款（元）
使用最高级用语	天猫尊尚深科专营店（上海深科电子商务有限公司）	2015 年 6 月 1 日起，所销售的"尊尚电动滑板车可折叠长续航电动车自行车成人代步车锂电便携特价"网页宣传内容中含有："全球续航最远"、"最强马达"、"最强制动"、"最强控制系统"等文字介绍，实际情况是当事人企业员工为了更好宣传该商品的性能自行制作的，没有相关的证明材料。（与虚假宣传合并处罚）	2 万
	天猫车品弘智专营店（上海佳饰车电子商务有限公司）	2015 年 5 月 15 日起，当事人销售的"亿力高压洗车机家用 220V 电动车载洗车器清洗机便携洗车泵刷车水枪"网页宣传内容中含有："30 年铸就清洗机 全网第一品牌"、"3 大生产基地—全球在中国最大的生产基地"、"数据魔方 行业权威数据统一 亿力品牌行业销量第一 本店是亿力品牌中的全网第一"、"全网唯一具有世界级工艺设计能力的洗车机企业"等文字图片介绍，实际情况是当事人企业员工为了更好宣传该商品自行制作的。（与虚假宣传合并处罚）	2 万

续表

违法性质	网店及当事人	表现形式	罚款（元）
使用最高级用语	天猫"湘谊旗舰店"（上海湘谊贸易有限公司）	当事人自2013年初在其天猫网店发布了"湘谊经典的宜兴名家紫砂壶国家助工陈××全手工紫砂茶壶朱泥扁西施壶"的产品，页面中含有以下内容："这是湘谊经典的一款西施壶，国家级助工陈××的得意之作"，"2012年天猫现代紫砂艺术类目排名——全年第一，2012年取得宜兴陶艺界30多位名师指定的唯一企业级销售平台，2011年取得潘××等淘宝唯一指定销售权"等内容。当事人发布上述广告无费用，上述宣传与实际不符。	责令停止发布
	天猫"智庭鞋类专营店"（上海智庭商贸有限公司）	当事人提高拖鞋产品销售量，在其网站上使用"必此buy拖鞋的四大理由：日本技术制作！最舒适最亲肤！再也不用担心清理！性价比最高！"、"版型解读：产品采用最标准最完美的全球至尊经典款版型设计，简约时尚同时结合人体力学原理，以创新的前端15度微扬设计贴合足弓结构，优雅流畅的线性构设在曲直中，将女性的刚柔并济彰显得淋漓尽致"等宣传用语。	698.8
虚假广告	天猫"锦缘盛旗舰店"（上海菩提缘商贸有限公司）	其宣传语中描述产品具有"舒缓精神、振奋精神、净化空气，工作时能舒缓紧张焦虑心理压力，提神醒脑，提高空气质量，镇静、镇痛、驱风，推迟皮肤老化速度"等功效，可以"治疗胆汁病、膀胱炎、淋病以及腹痛、发烧、呕吐等症状，帮助入眠"。当事人无法出具相关证据证明上述功效，其宣传的功效与产品实际不符。	1500
	上海阅凡商贸有限公司	当事人自2014年10月起在其天猫网店"进口溃立克"产品介绍中宣传"实力见证，最新研发成果：高效修复口腔溃疡，长期使用可用于滋养口腔、提高口腔微生物环境，从而杜绝了复发性口腔溃疡的发生"，"草本配方，彻底为您解决口腔问题"等内容。事实上，所宣传内容无任何依据。	
	天猫"德川办公专营店"（上海德川网络科技有限公司）	自2014年12月起，发布了"格之格NT-PN2441/2641"硒鼓产品广告，并在介绍上述产品卖点的图片上使用了"全网最低价"等广告语。经查，上述宣传内容与实际情况不符，并非全网最低价。至案发，涉案广告费用共计400元。	
数据未标明出处	天猫gnc健安喜旗舰店（上海宝尊电子商务有限公司）	当事人自2014年6月起在淘宝天猫飞利浦官方旗舰店对飞利浦品牌的产品进行促销活动，未明示促销原因、促销期限等，对广告中使用的数字未表明出处。	

续表

违法性质	网店及当事人	表现形式	罚款（元）
违法化妆品广告	天猫"古云草哈达专卖店"（上海哈达贸易有限公司）	在销售"古云草经络疏通精油"产品时发布了内容含有"产品作用通经活络，调理气血排泄因经络不同的脂肪垃圾，调节脏腑，使身体代谢机能恢复正常，达到排毒的作用"等宣传用语的广告。上述广告用语中"达到排毒的作用"为医疗术语。	5000
	天猫"乐清堂海闵专卖"店铺（上海海闵商贸有限公司）	发布"乐清堂加强版EFG冻干粉"的宣传网页。网页内容为："乐清堂加强版EFG冻干粉用于医学美容表皮修复：①祛痘②修复敏感③淡痘印④美白淡斑 ⑤痘疤痘坑 ⑥持久保湿"等。当事人在网页上宣传"乐清堂加强版EFG冻干粉"化妆品具有"美白淡斑"的宣传用语，是属于特殊用途化妆品的功效描述范畴，对产品的性能、用途表述不清楚、不明白，容易使普通消费者误以为该款产品是具有特殊用途的化妆品，属引人误解的宣传。	2000
	天猫"四海母婴专营店"（北京四海在线电子商务有限公司）	对其销售的"康馨儿本草肤乐霜"产品宣传主要功效，含宝宝湿疹、清热解毒、凉血祛湿、皮肤瘙痒、肌肤不适等对肌肤的药用陈述。	287.26
食品广告宣传治疗作用	天猫"枣庆堂旗舰店"（上海贝杉国际贸易有限公司）	销售的"谷果蔬营养粉"的商品详情页面发布"增强身体免疫力，提高自然愈合力"、"美颜纤体"等内容的广告。"阿胶含片"的商品详情页面发布了"免疫调节 红颜润色 调节血脂"等内容的广告，并详细介绍阿胶具有补益气血、增强体质、强筋健骨、强心补肺、养肤美颜、延年益寿的功效。上述"谷果蔬营养粉"及"阿胶含片"未获得《保健食品批准证明文件》，均为普通食品。办案人员认定当事人上述宣传行为属于在普通食品广告中宣传保健功能，并借助宣传某些成分的作用暗示其保健作用。	2000
	上海天翌电子商务有限公司经营的"天猫超市"（上海交大昂立生物制品销售有限公司）	发布的"美国原瓶甘蔗提取物复合胶囊"食品广告，在宣传中含有"减缓动脉硬化、心肌梗塞及血栓形成"等广告内容。该胶囊为普通食品，但广告用语涉及宣传保健功能的内容。	500

续表

违法性质	网店及当事人	表现形式	罚款（元）
食品广告宣传治疗作用	上海天翌电子商务有限公司经营的"天猫超市"（上海大沛实业有限公司）	发布的"超级能恩奶粉"食品广告，在宣传中含有"有助于降低婴儿特应性皮炎的风险，降低皮炎效果持续到六岁"等广告内容。该奶粉为普通食品，但广告用语涉及宣传治疗功能的内容。	500

网店广告违法案件管辖权争议

近年来，随着网络经济高速发展，网络广告迅速发展，已成为当今最具活力的广告形式，有报告称网络已超越电视成为第一大媒体。根据艾瑞和索福瑞的统计数据，2014年我国网络广告经营额已达1200亿元至1500亿元。然而，迅速发展的同时，网络广告违法行为也层出不穷，网络广告的虚拟性、隐蔽性、碎片化、变化快等特性，对工商部门的监管工作提出了更高的要求。

不同于其他违法案件，广告违法案件的处理在所有电商案件中是最复杂的。如果第三方电商平台网店发生广告违法行为，带来两个问题：一是谁来管网店，是由网店经营者所在地工商、市场监管部门管辖还是由电商平台所在地管辖？二是在网店被处理的同时，电商平台该不该受处罚？

第一个问题比较好回答。根据国家工商总局发布的《网络交易管理办法》第四十条的规定，通过第三方交易平台开展经营活动的经营者，其违法行为由第三方交易平台经营者住所所在地县级以上工商行政管理部门管辖。即原则上由电商平台所在地工商部门管辖。但是该条文还规定："第三方交易平台经营者住所所在地县级以上工商行政管理部门管辖异地违法行为人有困难的，可以将违法行为人的违法情况移交违法行为人所在地县级以上工商行政管理部门处理。"

比如，在上海智庭商贸有限公司天猫网店使用最高级用语一案中，上海市松江区市场监督管理局在行政处罚决定书中认定违法事实后，提出的第一项证据就是"杭州市市场监督管理局案件移送函等 7 页，证明本案的来源"。这表明，杭州市市场监督管理局将在天猫上发现的这户网店的违法行为，移交给了上海市松江区市场监督管理局处理。

应该说，因淘宝天猫平台所在地是浙江杭州，所以平台上的违法行为理论上应由杭州市及当地（余杭区）市场监督管理局处理。但是，淘宝天猫上的网店数量庞大，其广告违法行为数量远远超过杭州市及余杭区市场监督管理局的工作负荷，2015 年上半年仅杭州市市场监督管理部门收到涉及淘宝、天猫的广告违法、虚假宣传等投诉举报就达 2000 余件。此外，2015 年淘宝天猫上的注册网店已经超过 1000 万，而整个浙江省经济户口才刚过 400 万，淘宝天猫平台上的网店基本都在杭州地区之外，因此将案件移交网店经营者所在的外地去管辖是比较科学的做法，这既符合法定要求，也符合实际情况；既能减轻杭州的压力，也能提高案件查办效率。

第二个问题就复杂多了。

不可争议，第三方网络交易平台肯定是广告发布载体。平台上发布的广告及信息，从发布者角度可以分为"平台举办者发布"和"网店自行发布"两大类，也就是说平台上的信息发布者有两个：一是平台举办者，二是平台上的网店。

如果是平台发布的广告，其主体身份毋庸置疑，肯定是平台举办者。对于其广告违法行为，理应由平台举办者所在地工商部门管辖。

而淘宝、天猫、京东、1 号店等作为第三方交易平台，上面更多的信息是由进驻平台的网店卖家自主发布的，包括平台卖家店铺内商品详情页面信息和平台集中营销活动页面信息。这些信息由卖家通过协议在第三方网络交易平台上开设网络店铺（二级域名）后，自行登录网络店铺的账户，进入商品发布后台录入发布。

2015 年，京东商城上的卖家有 4 万多户，淘宝、天猫网店超过 1000 万户，而且平台上店铺售卖的商品处于经常性的变动中，由此带来了海量的商品发布信息。这样问题就来了：平台该不该对网店的广告违法承担法律责任？

有一种观点认为，平台对所有卖家店铺内发布的每一条商品信息进行审核，显然是不现实的。对于店铺内部的信息，第三方网络交易平台只是提供了信息载体与一定的展现模式，卖家才拥有信息发布的主动权和最终决定权，有权直接上传到店铺页面之中，并可以随时增加、修改、撤回。店铺内部信息的发布者为卖家，其广告违法行为应由卖家住所所在地工商部门管辖。淘宝、天猫等第三方网络交易平台作为互联网信息服务提供者，相对于店铺内部广告信息而言，并不具有内容的最终修改权、决定权，也未对存储于本网站的广告信息在商品详情页面进行发布，因而不能认定为广告发布者。平台虽然利用技术手段进行监控处理，但只是出于平台管理者的责任而非广告审查责任。平台与卖家之间既无广告发布协议，也未收取广告费用，未从网店广告发布中获取直接经济利益，让平台承担广告发布者责任显得有失公允。

我们赞成"卖家发布广告的违法行为由卖家住所所在地工商部门管辖"的做法，但是反对"第三方网络交易平台不能被认定为广告发布者因而不用承担广告违法责任"的观点。

从法理上讲，新《广告法》明确规定"互联网信息服务提供者对其明知或者应知的利用其场所或者信息传输、发布平台发送、发布违法广告的，应当予以制止"，这是平台的法定责任。从责权利上讲，第三方平台尽管没有直接收取网店的广告费，但网店发布违法广告带来的经营额，平台是从中受益的。事实上，无论网店是否发布违法广告，只要有销售额，平台就从中受益，比如淘宝天猫就从消费者打入支付宝的货款产生的孳息获利。既然从中获利，就应当承担责任和义务。从后果上讲，如果不强化平台的管理责任，平台就会对网店的广告违法行为睁一只眼闭一只眼，这只会助长网店卖家的歪风。

从实践上讲，一些工商机关在实际执法中对没尽到广告审查责任的电商课以处罚，收到较好的督促作用。

《广告管理条例》第十二条明确规定：广告经营者承办或者代理广告业务，应当查验证明，审查广告内容。对违反本条例规定的广告，不得刊播、设置、张贴。《广告管理条例施行细则》第二十五条规定了相应的罚则：广告经营者违反《条例》第十二条规定的，视其情节予以通报批评、没收非法所得、处三千元以下罚款……

本书第88页论述过，在这方面最典型的是上海市工商局自由贸易试验区分局。例如，在对1号店纽海电子商务（上海）有限公司的沪工商自贸案处字〔2015〕第410201410009号行政处罚决定书中，上海市工商局自由贸易试验区分局载明：

当事人（纽海电子商务（上海）有限公司）于2013年11月14日经工商行政管理部门核准登记成立，是1号店网站（www.yhd.com）的运营商，主要从事第三方网络平台交易活动。自2014年8月8日起，当事人在其经营的1号店网站（www.yhd.com）发布了22个违法广告，具体违法事实如下：

（一）2014年8月8日起，绿慈（北京）科技有限公司（移案处理）通过当事人经营的1号店网站（www.yhd.com）对外发布了"LVCI纳豆激酶复合片630mg×60片"的商品广告……

（二）2014年9月1日起，绿慈（北京）科技有限公司（移案处理）通过当事人经营的1号店网站（www.yhd.com）对外发布了LVCI天然果蔬酵素饮的广告……

（三）2014年10月1日起，广州聚思贸易有限公司（移案处理）通过当事人经营的1号店网站（www.yhd.com）对外发布了莱薇尔壹力黑防脱洗发水的广告……

（四）2014 年 10 月 1 日起，天力讯驰（北京）电子商务有限公司（移案处理）通过当事人经营的 1 号店网站（www.yhd.com）对外发布了 KEY 微爱延时喷剂的广告……

（五）2014 年 10 月 1 日起，泉州市鲤城区缔梵石饰品有限公司（移案处理）通过当事人经营的 1 号店网站（www.yhd.com）对外发布了缔梵石天然红石榴石水晶手链的广告……

（六）2014 年 10 月 1 日起，泉州市鲤城区缔梵石饰品有限公司（移案处理）通过当事人经营的 1 号店网站（www.yhd.com）对外发布了缔梵石天然巴西碧玺佛珠手链的广告……

（七）2014 年 10 月 1 日起，广州易盟品牌管理有限公司（移案处理）通过当事人经营的 1 号店网站（www.yhd.com）对外发布了果贝纤 PR90 溶脂火龙果水果酵素的广告……

（八）2014 年 12 月 11 日我局接 12315 转交消费者举报反映的情况后，经检查发现自 2014 年 6 月 23 日起，嘉兴瑞康生物科技有限公司（移案处理）通过当事人经营的 1 号店网站（www.yhd.com）对外发布了 Igene 鹿鞭牡蛎复合片 715mg×180 片瓶装的广告……

……

（十二）2014 年 12 月 19 日我局接 12315 消费者举报反映的情况后，经检查发现云南七丹药业股份有限公司（移案处理）通过当事人经营的 1 号店网站（www.yhd.com）对外发布了"七丹玛咖粉"的广告，具体有"七丹玛咖粉养生补肾 90 克 5 瓶 1 疗程"等内容，上述广告中宣传的"补肾"的内容缺乏相应的依据。当事人表示，因为平台入驻商户较多，没有对该广告内容履行查验证明、审查广告内容的义务，对违反法律法规相关规定的广告，没有及时发现和制止。该广告是由入驻商户云南七丹药业股份有限公司通过当事人提供的网页进行发布的，当事人收取的是平台使用费等费用，无法计算当事人的广告发布费用，也无法计算违法所得……

针对上述 22 个违法广告，上海市工商局自由贸易试验区分局逐个对 1 号店进行处罚后，最后载明：

当事人对以上广告内容没有履行查验有关证明文件，核实广告内容、审查广告内容，没有及时发现并制止违法广告发布的行为，违反了《广告管理条例》第十二条"广告经营者承办或者代理广告业务，应当查验证明，审查广告内容。对违反本条例规定的广告，不得刊播、设置、张贴"的规定，依据《广告管理条例施行细则》第二十五条"广告经营者违反《条例》第十二条规定的，视其情节予以通报批评、没收非法所得、处三千元以下罚款；……"的规定，决定对当事人罚款人民币叁仟圆整。

综上（一）至（二十二）所述，决定对当事人合并处罚如下：

一、责令当事人立即停止发布上述违法广告；

二、罚款人民币柒万柒仟圆整。

显然，针对第三方平台上的卖家的违法广告，上海市工商局自由贸易试验区分局不仅依法处罚了第三方平台 1 号店的发布责任，而且依法处罚了 1 号店对违法广告内容没有履行查验有关证明文件，核实广告内容、审查广告内容，没有及时发现并制止违法广告发布的行为。

研究中，我们发现上海市工商局自由贸易试验区分局在一年多时间里，4 次对 1 号店作出类似处罚。相信这会促使 1 号店痛下决心，认真审查网店卖家发布的广告，从而净化 1 号店平台的广告。我们建议各地工商、市场监管机关都借鉴这种做法。

这些执法实践及效果，是对"第三方网络交易平台不能被认定为广告发布者因而不用承担广告违法责任"之类观点的最有力的反驳。

事实上，即使持有这种观点的人也不得不承认，第三方网络交易平台有责任采取必要手段，对平台上的信息进行管理，发现违法广告及时清除处理，并积极配合当地执法部门及卖家所在地执法部门打击违法广告。对于平台上卖家发布的广告，如果既赋予平台监管的责任，又使卖家所在地工商部门担负起监管当地经营者广告行为的职责，双管齐下，则平台违法广告才能得到根本上的遏制。

第三节　网店商品质量违法案件

在本次研究的案例对象中，淘宝天猫网店发生商品质量违法案件有14件。

除了伪造产品产地、以不合格冒充合格产品情况外，淘宝天猫网在商品质量违法案件方面，与前述7户电商有很大的不同。7户电商中，基本上没有不能提供进货来源、无中文标识产品名称厂名厂址、生产质量不合格产品等案件，但这些情况在淘宝天猫网店的案件中都出现了。

而京东、亚马逊、当当、1号店、易迅、国美在线、苏宁易购等7户电子商务平台均是自营业务占主要部分，且努力在树立正品行货形象，且有制度作保障。相反，淘宝天猫平台就难说了。

淘宝天猫网店中发生的14件商品质量违法案件中，有3件属于不能提供进货来源。另外，无中文标识产品名称厂名厂址4件，伪造产品产地1件，以不合格冒充合格产品4件、生产质量不合格产品2件。

其中，对伪造产品产地和以不合格冒充合格产品案件，前述已分析过。下文着重研究其他3类商品质量违法案件。

不能提供进货来源案件

2015年7月29日，执法人员在对天猫上benyisw网店（由上海本毅网络科技有限公司经营）的经营场所进行执法检查时，发现12件品名为"旅游用转换插头"的产品，当事人未保留进货时的各种原始发票、单证，不能提供能够证明进货来源的文件资料。

在对天猫 HYPERLINK 网店（由上海麦旻商贸有限公司经营）进行检查时，执法人员发现当事人通过其在天猫网店销售手机配件。当事人未保留一些商品进货时的各种原始发票、单证，不能提供能够证明进货来源的文件资料。

在对天猫上的怀轩旗舰店（由上海怀永商贸有限公司经营）检查时，执法人员发现，2014 年 1 月至 11 月，当事人与国内自然人通过微信联系，以国内自然人送货上门、现金结算的方式，购买货值 916324 元的货物。但当事人对于上述从国内自然人途径购买的货物，无法提供原始发票、单证等能够证明进货来源的文件资料。进货完成后，当事人将上述商品上架天猫网店"怀轩官方旗舰店"进行销售。2014 年 1 月至 2015 年 2 月，上述无证明其进货来源文件资料的商品全部销售完毕。

而《上海市消费者权益保护条例》第三十六条第一款规定：经营者应当保存进货时的各种原始发票、单证等能够证明进货来源的文件资料，并建立台账。

该禁则对应的罚则为：责令改正，并可以根据情节单处或者并处警告、没收违法所得、没收非法财物、处以违法所得一倍以上五倍以下的罚款；没有违法所得的，处以一万元以下的罚款；情节严重的，责令停业整顿。

据此，办案机关对前 2 件案件，因案值小当事人无违法所得，采取了警告、责令改正的处罚；对第 3 件案件，没收违法所得 247615.84 元，并处罚款 247615.84 元。

无中文标识、产品名称、厂名厂址案件

这类案件共有 4 件，且均为天猫上的网店。

——天猫 HYPERLINK 网店（上海麦旻商贸有限公司）案。

2015 年 7 月 10 日，执法人员检查发现，该公司进货经营的 10 件标注"GLASS SCREEN PROTECTOR"（玻璃屏幕保护膜）的产品未标注中文品名、未标注生产厂家的厂名、厂址。

——天猫"万晶旗舰店"（上海万晶装饰有限公司）案。

2014 年 7 月 16 日，天猫网"万晶旗舰店"把一款没有产品名称、生产厂名和厂址的相框发给了消费者，当事人的行为构成销售未标注中文标明的产品名称、生产厂厂名和厂址产品。

——天猫"sibirskaya 旗舰店"（上海当顿贸易有限公司）案。

该店为从事网上销售手机配件的公司。2015 年 3 月 5 日，该店从广东中瑞有限公司购进手机钢化玻璃膜 7100 张，并放置在其公司"sibirskaya 旗舰店"网店内对外销售。经查实，上述产品的包装上无生产厂名和厂址。

——天猫"锦缘盛旗舰店"（上海菩提缘商贸有限公司）案。

该网店自 2011 年 6 月起，在其天猫商城专卖店上销售一款"檀香"，该产品外包装上未标明生产厂名和厂址。

《产品质量法》第二十七条第一款规定："产品或者其包装上的标识必须真实，并符合下列要求：……（二）有中文标明的产品名称、生产厂厂名和厂址。"该法第三十六条规定，销售者销售的产品的标识应当符合本法第二十七条的规定。

据此，办案机关认定上述网店构成了销售者销售的产品的标识违反了《产品质量法》第二十七条的规定的行为，依据《产品质量法》第五十四条处以警告，责令改正。根据违法情节，办案机关还对天猫 HYPERLINK 店（上海麦旻商贸有限公司）处罚款 2000 元。

生产销售质量不合格产品案件

天猫"贝焱家居专营店"（贝焱贸易（上海）有限公司）通过天猫网店销售电子元件。2014 年 1 月，该公司在未充分调查核实的情况下，从一上门推销的售货员手里买进了 196 只"牛人"牌万能插头在天猫网上平台销售。

经查，当事人销售的"牛人"牌万能插头是浙江省慈溪市牛人电器有限公司生产的，厂址在浙江省慈溪市观海卫镇东桥头工业区，但该款产品属外销产品。当事人贝焱贸易（上海）有限公司擅自通过网络平台在国内销售。根据"电源转换器新国标"（《家用和类似用途插头插座第 2 部分：转换器的特殊要求》），2010 年 6 月 1 日实施新国标，万能插头已经不得在国内市场销售。

在阿里巴巴网上开设网店的上海思居贸易有限公司，销售一款名为美耐特多功能电磨产品，夹头大小 0.5M–6MM，电压 220V，功率 240W，转速 8000–30000 转 / 分钟，6 挡调速功能，并且可以直接安装麻花钻头，此机器可以用于支架上，达到台钻的效果。该产品属于国家公布的《第一批实施强制性产品认证目录》中电动工具的范围，必须通过 3C 认证。经核实，该款产品未通过 3C 认证，由当事人采购自一家电器市场，无进货凭证。

上述行为违反了《产品质量法》第十三条第一款。依据该法第四十九条，办案机关对前者没收违法所得 156.8 元，罚款 743.2 元，责令停止销售；对后者没收违法所得 9 元，罚款 390 元，责令停止销售。

第四节　网店商标违法案件

号称为正品品牌店的天猫网店竟然发生商标侵权案件，虽然数量不多，但也令人吃惊。结合前述 7 户电商均不见商标侵权案件的良好记录，与京东、亚马逊、当当、1 号店、易迅、国美在线、苏宁易购比较起来，天猫在商标保护方面失分不少。

在抽样得到的淘宝天猫网店 62 件违法案件中，商标侵权类有 3 件，其中有 2 件属销售侵犯他人商标专用权，有 1 件是将未注册商标冒充注册商标使用。虽然案件数不多，但此类案件的违法经营额及违法所得比商品质量违法案件明显较高，处罚幅度也较高，在 1 万到 4.1 万元之间。

销售侵犯他人商标权商品

1. 表现形式

——天猫"祥莹数码专营店"案，由上海祥莹贸易有限公司经营。

2015 年 2 月初，该网店在上海一家电子市场购进明知是侵犯"KINGSTON"注册商标专用权的、型号为 DTGE9/8G（"DT"为注册商标"DataTraveler"的简称）的 U 盘（即 USB 闪存盘）500 个，进货金额总计人民币 4800 元。至 2015 年 6 月 9 日，当事人共售出 14 个带有"KINGSTON"商标标识的 U 盘，售价为每个人民币 18 元，销售金额为252 元。

经商标权利人金士顿科技公司授权的美国金士顿科技公司北京代表处鉴定，天猫"祥莹数码专营店"所销售的带有"KINGSTON"商标标识的 U 盘非金士顿科技公司或其授权的任何单位生产，系侵犯"KINGSTON"注册商标专用权的商品。

——阿里巴巴网商麦贸信息技术（上海）有限公司案。

2013 年始，麦贸信息技术（上海）有限公司为了扩大销售量，提高网站点击率，开始在阿里巴巴网上销售明知是假冒注册商标"BAPE"、"BOBO CHOSES""HYSTERIC MINI"品牌的相关服装和帽子。

具体标签使用情况如下：BAPE 秋冬帽，有独立包装袋，袋上标有"A BATHING APE®"字样以及图形注册商标，帽子内标签上标有图形注册商标；BAPE 水洗条纹牛仔帽，帽子上标有"BABYMILO® BY ABATHINGAPE®"字样以及图形注册商标，帽子内标签上标有"BABYKIDS®"字样；HYSTERIC MINI 奶嘴娃棒球帽，帽子上标有图形注册商标，帽子内标签上标有"HYSTERIC MINI®"字样以及图形注册商标；BOBO CHOSES 儿童衬衫，服装上和标签上均标有"BOBO CHOSES"字样；BOBO CHOSES 机车儿童帽，帽子上和标签上均标有"BOBO CHOSES"字样。

至 2015 年 7 月 6 日案发，当事人库存待售的明知是假冒注册商标的商品共计 939 件，违法经营额总计 40517 元。

2. 处罚结果

对上述两案，不同执法机关适用了不同的法律。

对天猫"祥莹数码专营店"，上海市闸北区市场监督管理局根据《商标法》第五十七条"有下列行为之一的，均属侵犯注册商标专用权：（三）销售侵犯注册商标专用权的商品的"，认定上海祥莹贸易有限公司销售侵犯他人商标权商品。

该局依据《商标法》第六十条第二款的规定，责令立即停止侵权行为，没收、销毁侵犯"KINGSTON"注册商标专用权的 U 盘（型号

DTGE9/8G）486 个，罚款 1 万元。

而在阿里巴巴网麦贸信息技术（上海）有限公司一案中，上海市松江区市场监督管理局认为，当事人为了扩大销售量，提高网站点击率，销售明知是假冒注册商标"BAPE""BOBO CHOSES""HYSTERIC MINI"品牌的相关服装和帽子，其销售价格远低于真品市场价格，故其上述行为违反了《上海市反不正当竞争条例》第七条"经营者不得从事下列假冒注册商标行为中的第（二）项销售明知是假冒注册商标的商品；"构成了销售明知是假冒注册商标的商品行为。

根据《上海市反不正当竞争条例》第二十七条第一款第（一）项的规定，责令当事人立即停止侵权行为，没收假冒注册商标的商品共计939 件，罚款 40517 元。

未注册商标冒充注册商标

涉案网店为天猫"BARNET 旗舰店"，由上海必齐网络科技发展有限公司经营。

2013 年 6 月 27 日，上海必齐网络科技发展有限公司经工商部门核准登记成立，主要从事汽车配件的销售。同年 8 月 1 日，该公司委托深圳某有限公司办理商标注册申请手续（申请注册的商标为圆形的图案加"BARNET"英文字母的组合，商品类别 12 类）。2013 年 8 月 8 日，国家工商总局商标局受理了上述商标注册申请，但至案发时，公司并未取得商标注册证。

自 2014 年 8 月开始，必齐公司以 10 万元的租金（一次缴清、永久使用）租用了淘宝网的网络平台，开始在天猫商城上开设"BARNET 旗舰店"网店，从事"BARNET"品牌的汽车刹车盘、刹车片的销售经营活动。

2014 年 11 月 28 日，必齐公司为了提高产品知名度、进一步打开销路，开始使用加注有注册商标®符号的包装盒（包装盒上有圆形的图案加"BARNET"英文字母的组合商标及注册标记®符号等内容）来包装刹车盘、刹车片产品，并将包装后的产品通过其开设的"BARNET旗舰店"网店对外销售。截至案发时，共销售加注注册商标®符号的"BARNET"牌汽车刹车片18套（每套4片）和刹车盘22只，违法经营额共16373元。

另外，自2014年8月起，必齐公司在天猫商城上的"BARNET旗舰店"网店的网页中广告宣称："BARNET全网刹车盘销量第一品牌No.1……""实力雄厚的生产车间，我们拥有整洁环保的厂区，进口设备数十条高端生产线的加工车间……""BARNET（邦内特）拥有自己的实体公司，多个高端生产线和技术团队……""淘宝刹车制动配件销量第一品牌""BARNET陶瓷制动片引进德国设备和技术，由全自动精密数控设备生产"等文字内容，同时网页中还插放有一系列证书的图片，具体有商标注册证、国际质量体系认证证书、GB标准证、生产许可证等。

经执法机关调查发现，该公司并没有取得在网页中所显示的上述各类证书，也没有自己在网页中宣称的所谓的实体生产工厂。其做上述宣传，主要是为了提高自己所销售产品的知名度，从而增加产品的销量。

《商标法》第五十二条规定：将未注册商标冒充注册商标使用的，或者使用未注册商标违反本法第十条规定的，由地方工商行政管理部门予以制止，限期改正，并可以予以通报，违法经营额五万元以上的，可以处违法经营额百分之二十以下的罚款，没有违法经营额或者违法经营额不足五万元的，可以处一万元以下的罚款。

据此，上海市青浦区市场监管局（原上海市工商局青浦分局）责令立即消除库存的刹车盘外包装纸盒（284只）、刹车片外包装纸盒（278只）上的注册商标标记符号，处罚款1.2万元。

第五节　市场主体准入违法案件

与前述 7 户电商情况不同，在研究中，我们发现淘宝天猫网店还发生了 3 件市场主体准入案件。

这些市场主体准入案件的性质均为擅自变更经营地址，分别发生在上海和广东佛山两地。

以这 3 件案件为教训，我们提醒开设网店从事网络商品经营或服务的公司等法人、其他经济组织或者个体工商户，务必重视并确保经营地址与营业执照上登记的内容一致，如要变动务必先办理变更登记。

表现形式

天猫 "弗思特旗舰店" 由上海宇捷电子有限公司经营。该公司成立于 2000 年 12 月 7 日，原注册登记的公司住所是上海市金山区兴塔镇新金山路 321 号。公司于 2013 年 9 月起，未经变更登记擅自变更登记事项（住所），搬至嘉定区华江路 726 弄 95 号，于 2013 年 9 月在天猫网上开设 "弗思特旗舰店"，从事互联网上打印墨盒销售经营活动，原登记住所已无实际经营活动。

天猫居康网店由居康（上海）实业有限公司经营。该公司营业执照上核准的经营场所为上海市青浦区联民路 1881 号 3 幢 3 层 A 区 316 室。公司于 2013 年 5 月 11 日与他人签订《房地产租赁合同》，租赁位于青浦区赵巷镇业辉路 222 弄 240 号的房屋，租赁期限为 2013 年 5 月 11 日至 2016 年 5 月 10 日。公司自 2013 年 5 月起至案发，在未办理登记事项变更的情况下，擅自将公司经营场所从原核准的青浦区联民路 1881 号 3 幢 3 层 A 区 316 室迁至青浦区赵巷镇业辉路 222 弄 240 号，并在该场所从事经营活动。

天猫"筑尚居家居专营店"由广东佛山市筑尚居贸易有限公司经营。该公司营业执照上所核准登记的企业住所为佛山市禅城区文华北路 60 号 901 房。由于业务发展的需要，于 2013 年 7 月 1 日承租佛山市禅城区文华北路 60 号 903 房和 2014 年 6 月 1 日承租佛山市禅城区文华北路 60 号二楼 201–209,211 房。当事人在未办理变更登记的情况下，在上述地点设立办公室作为其开设的天猫网店的经营场所。

处罚结果

表面上看，天猫"弗思特旗舰店"和天猫居康网店案两案与天猫"筑尚居家居专营店"案，在处罚上有所不同。但细细对比 3 份行政处罚决定书，虽然前两案依据《公司登记管理条例》、后一案依据《公司法》处罚，但定性和罚则都是一样的，因为《公司登记管理条例》本身就是依据《公司法》制定的。

在天猫"弗思特旗舰店"和天猫居康网店案中，上海市嘉定区市场监管局、青浦区市场监管局均依据《公司登记管理条例》第二十六条"公司变更登记事项，应当向原公司登记机关申请变更登记。未经变更登记，公司不得擅自改变登记事项"的规定，认定两公司擅自改变登记事项。

依据《公司登记管理条例》第六十九条第一款"公司登记事项发生变更时，未依照本条例规定办理有关变更登记的，由公司登记机关责令限期登记；逾期不登记的，处以 1 万元以上 10 万元以下的罚款"的规定，前者责令上海宇捷电子有限公司在三十日内办理变更登记，后者责令居康（上海）实业有限公司限期六十日内办理变更登记。

而在天猫"筑尚居家居专营店"一案中，佛山市禅城区工商局认定筑尚居贸易有限公司违反了《公司法》第七条第三款"公司营业执照记载的事项发生变更的，公司应当依法办理变更登记，由公司登记机关换发营业执照"的规定，属公司营业执照记载的事项发生变更，未依法办理变更登记的违法行为。依据《公司法》第二百一十一条第二款"公司登记事项发生变更时，未依照本法规定办理有关变更登记的，由公司登记机关责令限期登记；逾期不登记的，处以一万元以上十万元以下的罚款"的规定，该局责令筑尚居贸易有限公司限期十五日内办理变更登记。

上述 3 项处罚决定，除了限期分别为 30、60、15 天内办理更变登记外，其余均无区别。

表面上看，法律规定的处罚很轻，加上现实中开网店确实对经营地址的要求也不高，那么，是不是网店就可忽视经营地址呢？这要分两种情况来分析。

《网络交易管理办法》第七条规定：从事网络商品交易及有关服务的经营者，应当依法办理工商登记。从事网络商品交易的自然人，应当通过第三方交易平台开展经营活动，并向第三方交易平台提交其姓名、地址、有效身份证明、有效联系方式等真实身份信息。具备登记注册条件的，依法办理工商登记。

这说明，自然人开设网店的或者从事网络商品交易及有关服务，法规没有强行要求必须办理工商登记，但要求自然人应当通过第三方平台即电商开展经营活动，并向电商提交其姓名、地址、有效身份证明、有效联系方式等真实身份信息。

之所以这么规定，一是规范网售商品和服务的种类，不许网络上售卖违禁商品和服务；二是确保销售方不能"失联"，一旦发生购物纠纷，可迅速找到销售方，从而保障消费者的合法权益。由于不强求自然人办理网店工商登记，因此，确实对自然人开网店的经营地址没有严格要求。当然，自然人如具备登记注册条件，应当依法办理工商登记，而经营地址是工商登记的一项重要内容。

但法规对开网店的法人、其他经济组织或者个体工商户，在经营地址上则与自然人截然不同。根据《网络交易管理办法》第八条，已经工商行政管理部门登记注册并领取营业执照的法人、其他经济组织或者个体工商户，从事网络商品交易及有关服务的，应当在其网站首页或者从事经营活动的主页面醒目位置公开营业执照登载的信息或者其营业执照的电子链接标识。

经营地址是营业执照载明的登记事项。对营业执照载明的登记事项，国家相关法规有着严格的规定。就公司而言，《公司登记管理条例》第二十六条规定：公司变更登记事项，应当向原公司登记机关申请变更登记。未经变更登记，公司不得擅自改变登记事项。经营地址是登记事项的一项重要内容，理所当然受该法条约束，开网店的公司是不能对经营者地址想改就改的。

那开设网店的公司有变动经营场所的需求怎么办？《公司登记管理条例》第二十九条规定：公司变更住所的，应当在迁入新住所前申请变更登记，并提交新住所使用证明。按此规定，网店公司在搬迁前，应当先向工商、市场监管机关申请变更住所并提交新住所使用证明。如果是跨区域的，应在迁入新住所前，向迁入地的工商、市场监管机关公司申请变更登记。迁入地登记机关受理后，由原登记机关将公司登记档案移送过来。

由此可见，即使是对开网店的公司，法规对经营地址的要求依然同线下公司的一样，且对公司不办理经营地址变更的违法行为设置了"宽严相济"的处罚条款。所谓"宽"，就是责令限期登记，限期内办理的不予经济处罚。所谓"严"，就是对逾期不登记的处以 1 万元以上至 10 万元以下的罚款。其他经济组织或者个体工商户也有相关法规对其经营地址进行约束规范。

因此，开设网店从事网络商品经营或服务的公司等法人、其他经济组织或者个体工商户，务必重视并确保经营地址与营业执照上登记的内容一致，如要变动务必先办理变更登记，否则要承担"擅自改变登记事项"的法律后果。

附一：
电商平台行政处罚决定书文号索引

亚马逊（北京世纪卓越信息技术有限公司）

1. 京工商朝处字〔2014〕第 2662 号，2014 年 12 月 9 日
2. 京工商朝处字〔2015〕第 2802 号，2015 年 1 月 20 日
3. 京工商朝处字〔2015〕第 2911 号，2015 年 2 月 25 日
4. 京工商朝处字〔2015〕第 2912 号，2015 年 2 月 26 日
5. 京工商朝处字〔2015〕第 2914 号，2015 年 2 月 26 日
6. 京工商朝处字〔2015〕第 2917 号，2015 年 2 月 28 日
7. 京工商朝处字〔2015〕第 2933 号，2015 年 3 月 4 日
8. 京工商朝处字〔2015〕第 2935 号，2015 年 3 月 4 日
9. 京工商朝处字〔2015〕第 2932 号，2015 年 3 月 5 日
10. 京工商朝处字〔2015〕第 2947 号，2015 年 3 月 12 日
11. 京工商朝处字〔2015〕第 3029 号，2015 年 3 月 31 日
12. 京工商朝处字〔2015〕第 3117 号，2015 年 4 月 23 日
13. 京工商朝处字〔2015〕第 3132 号，2015 年 4 月 28 日
14. 京工商朝处字〔2015〕第 3580 号，2015 年 7 月 23 日

当当网（北京当当科文电子商务有限公司）

1. 京工商东处字〔2014〕第 375 号，2014 年 10 月 13 日
2. 京工商东处字〔2014〕第 540 号，2014 年 11 月 20 日
3. 京工商东处字〔2014〕第 544 号，2014 年 12 月 4 日

京东商城（北京京东世纪信息技术有限公司）

1. 京工商经开分处字〔2014〕第 131 号，2014 年 10 月 14 日
2. 京工商经开分处字〔2014〕第 130 号，2014 年 10 月 15 日
3. 京工商经开分处字〔2014〕第 132 号，2014 年 10 月 15 日
4. 京工商经开分处字〔2014〕第 133 号，2014 年 10 月 15 日
5. 京工商经开分处字〔2014〕第 134 号，2014 年 10 月 17 日
6. 京工商经开分处字〔2014〕第 136 号，2014 年 10 月 20 日
7. 京工商经开分处字〔2014〕第 137 号，2014 年 10 月 20 日
8. 京工商经开分处字〔2014〕第 139 号，2014 年 10 月 20 日
9. 京工商经开分处字〔2014〕第 140 号，2014 年 10 月 20 日
10. 京工商经开分处字〔2014〕第 135 号，2014 年 10 月 21 日
11. 京工商经开分处字〔2014〕第 138 号，2014 年 10 月 21 日
12. 京工商经开分处字〔2014〕第 141 号，2014 年 10 月 22 日
13. 京工商经开分处字〔2014〕第 142 号，2014 年 10 月 22 日
14. 京工商经开分处字〔2014〕第 144 号，2014 年 10 月 22 日
15. 京工商经开分处字〔2014〕第 143 号，2014 年 10 月 23 日
16. 京工商经开分处字〔2014〕第 146 号，2014 年 10 月 29 日
17. 京工商经开分处字〔2014〕第 145 号，2014 年 10 月 30 日
18. 京工商经开分处字〔2014〕第 147 号，2014 年 10 月 30 日
19. 京工商经开分处字〔2014〕第 148 号，2014 年 10 月 30 日
20. 京工商经开分处字〔2014〕第 149 号，2014 年 11 月 2 日
21. 京工商经开分处字〔2014〕第 150 号，2014 年 11 月 3 日

53. 京工商经开分处字〔2015〕第 2 号，2014 年 12 月 25 日

54. 京工商经开分处字〔2015〕第 3 号，2014 年 12 月 25 日

55. 京工商经开分处字〔2015〕第 4 号，2014 年 12 月 25 日

56. 京工商经开分处字〔2015〕第 5 号，2014 年 12 月 25 日

57. 京工商经开分处字〔2015〕第 6 号，2014 年 12 月 25 日

58. 京工商经开分处字〔2015〕第 7 号，2014 年 12 月 25 日

59. 京工商经开分处字〔2015〕第 8 号，2014 年 12 月 25 日

60. 京工商经开分处字〔2015〕第 1 号，2015 年 1 月 4 日

61. 京工商经开分处字〔2015〕第 9 号，2015 年 1 月 4 日

62. 京工商经开分处字〔2015〕第 11 号，2015 年 1 月 4 日

63. 京工商经开分处字〔2015〕第 12 号，2015 年 1 月 7 日

64. 京工商经开分处字〔2015〕第 13 号，2015 年 1 月 7 日

65. 京工商经开分处字〔2015〕第 15 号，2015 年 1 月 9 日

66. 京工商经开分处字〔2015〕第 16 号，2015 年 1 月 15 日

67. 京工商经开分处字〔2015〕第 17 号，2015 年 1 月 15 日

68. 京工商经开分处字〔2015〕第 18 号，2015 年 1 月 15 日

69. 京工商经开分处字〔2015〕第 19 号，2015 年 1 月 15 日

70. 京工商经开分处字〔2015〕第 25 号，2015 年 1 月 20 日

71. 京工商经开分处字〔2015〕第 22 号，2015 年 1 月 20 日

72. 京工商经开分处字〔2015〕第 23 号，2015 年 1 月 20 日

73. 京工商经开分处字〔2015〕第 24 号，2015 年 1 月 20 日

74. 京工商经开分处字〔2015〕第 26 号，2015 年 1 月 22 日

75. 京工商经开分处字〔2015〕第 27 号，2015 年 1 月 22 日

76. 京工商经开分处字〔2015〕第 28 号，2015 年 1 月 22 日

77. 京工商经开分处字〔2015〕第 29 号，2015 年 1 月 20 日

78. 京工商经开分处字〔2015〕第 30 号，2015 年 1 月 22 日

79. 京工商经开分处字〔2015〕第 31 号，2015 年 1 月 22 日

80. 京工商经开分处字〔2015〕第 32 号，2015 年 1 月 22 日

81. 京工商经开分处字〔2015〕第 33 号，2015 年 1 月 23 日

82. 京工商经开分处字〔2015〕第 35 号，2015 年 2 月 3 日

83. 京工商经开分处字〔2015〕第 36 号，2015 年 2 月 3 日

115. 京工商经开分处字〔2015〕第 72 号，2015 年 3 月 17 日
116. 京工商经开分处字〔2015〕第 73 号，2015 年 3 月 17 日
117. 京工商经开分处字〔2015〕第 74 号，2015 年 3 月 17 日
118. 京工商经开分处字〔2015〕第 75 号，2015 年 3 月 17 日
119. 京工商经开分处字〔2015〕第 76 号，2015 年 3 月 17 日
120. 京工商经开分处字〔2015〕第 77 号，2015 年 3 月 17 日
121. 京工商经开分处字〔2015〕第 78 号，2015 年 3 月 17 日
122. 京工商经开分处字〔2015〕第 79 号，2015 年 3 月 17 日
123. 京工商经开分处字〔2015〕第 81 号，2015 年 3 月 19 日
124. 京工商经开分处字〔2015〕第 82 号，2015 年 3 月 19 日
125. 京工商经开分处字〔2015〕第 83 号，2015 年 3 月 19 日
126. 京工商经开分处字〔2015〕第 84 号，2015 年 3 月 19 日
127. 京工商经开分处字〔2015〕第 86 号，2015 年 3 月 23 日
128. 京工商经开分处字〔2015〕第 87 号，2015 年 3 月 23 日
129. 京工商经开分处字〔2015〕第 88 号，2015 年 3 月 23 日
130. 京工商经开分处字〔2015〕第 89 号，2015 年 3 月 23 日
131. 京工商经开分处字〔2015〕第 90 号，2015 年 3 月 23 日
132. 京工商经开分处字〔2015〕第 91 号，2015 年 3 月 23 日
133. 京工商经开分处字〔2015〕第 92 号，2015 年 3 月 23 日
134. 京工商经开分处字〔2015〕第 93 号，2015 年 3 月 23 日
135. 京工商经开分处字〔2015〕第 94 号，2015 年 3 月 25 日
136. 京工商经开分处字〔2015〕第 95 号，2015 年 3 月 25 日
137. 京工商经开分处字〔2015〕第 96 号，2015 年 3 月 25 日
138. 京工商经开分处字〔2015〕第 97 号，2015 年 3 月 26 日
139. 京工商经开分处字〔2015〕第 98 号，2015 年 4 月 1 日
140. 京工商经开分处字〔2015〕第 100 号，2015 年 4 月 3 日
141. 京工商经开分处字〔2015〕第 101 号，2015 年 4 月 3 日
142. 京工商经开分处字〔2015〕第 103 号，2015 年 4 月 8 日
143. 京工商经开分处字〔2015〕第 104 号，2015 年 4 月 8 日
144. 京工商经开分处字〔2015〕第 105 号，2015 年 4 月 8 日
145. 京工商经开分处字〔2015〕第 107 号，2015 年 4 月 13 日

146. 京工商经开分处字〔2015〕第 111 号，2015 年 4 月 13 日
147. 京工商经开分处字〔2015〕第 114 号，2015 年 4 月 15 日
148. 京工商经开分处字〔2015〕第 115 号，2015 年 4 月 15 日
149. 京工商经开分处字〔2015〕第 116 号，2015 年 4 月 15 日
150. 京工商经开分处字〔2015〕第 117 号，2015 年 4 月 15 日
151. 京工商经开分处字〔2015〕第 118 号，2015 年 4 月 15 日
152. 京工商经开分处字〔2015〕第 119 号，2015 年 4 月 17 日
153. 京工商经开分处字〔2015〕第 120 号，2015 年 4 月 17 日
154. 京工商经开分处字〔2015〕第 121 号，2015 年 4 月 17 日
155. 京工商经开分处字〔2015〕第 122 号，2015 年 4 月 17 日
156. 京工商经开分处字〔2015〕第 123 号，2015 年 4 月 20 日
157. 京工商经开分处字〔2015〕第 124 号，2015 年 4 月 23 日
158. 京工商经开分处字〔2015〕第 125 号，2015 年 4 月 23 日
159. 京工商经开分处字〔2015〕第 126 号，2015 年 4 月 23 日
160. 京工商经开分处字〔2015〕第 127 号，2015 年 4 月 23 日
161. 京工商经开分处字〔2015〕第 128 号，2015 年 4 月 23 日
162. 京工商经开分处字〔2015〕第 129 号，2015 年 4 月 23 日
163. 京工商经开分处字〔2015〕第 130 号，2015 年 4 月 23 日
164. 京工商经开分处字〔2015〕第 133 号，2015 年 4 月 29 日
165. 京工商经开分处字〔2015〕第 134 号，2015 年 4 月 29 日
166. 京工商经开分处字〔2015〕第 135 号，2015 年 4 月 29 日
167. 京工商经开分处字〔2015〕第 136 号，2015 年 4 月 29 日
168. 京工商经开分处字〔2015〕第 137 号，2015 年 4 月 29 日
169. 京工商经开分处字〔2015〕第 138 号，2015 年 4 月 29 日
170. 京工商经开分处字〔2015〕第 139 号，2015 年 5 月 5 日
171. 京工商经开分处字〔2015〕第 140 号，2015 年 5 月 5 日
172. 京工商经开分处字〔2015〕第 142 号，2015 年 5 月 8 日
173. 京工商经开分处字〔2015〕第 143 号，2015 年 5 月 8 日
174. 京工商经开分处字〔2015〕第 144 号，2015 年 5 月 11 日
175. 京工商经开分处字〔2015〕第 146 号，2015 年 5 月 11 日
176. 京工商经开分处字〔2015〕第 147 号，2015 年 5 月 11 日

177. 京工商经开分处字〔2015〕第 148 号，2015 年 5 月 11 日

178. 京工商经开分处字〔2015〕第 149 号，2015 年 5 月 11 日

179. 京工商经开分处字〔2015〕第 150 号，2015 年 5 月 11 日

180. 京工商经开分处字〔2015〕第 152 号，2015 年 5 月 13 日

181. 京工商经开分处字〔2015〕第 153 号，2015 年 5 月 13 日

182. 京工商经开分处字〔2015〕第 155 号，2015 年 5 月 14 日

183. 京工商经开分处字〔2015〕第 156 号，2015 年 5 月 14 日

184. 京工商经开分处字〔2015〕第 154 号，2015 年 5 月 18 日

185. 京工商经开分处字〔2015〕第 160 号，2015 年 5 月 19 日

186. 京工商经开分处字〔2015〕第 162 号，2015 年 5 月 19 日

187. 京工商经开分处字〔2015〕第 163 号，2015 年 5 月 19 日

188. 京工商经开分处字〔2015〕第 164 号，2015 年 5 月 20 日

189. 京工商经开分处字〔2015〕第 166 号，2015 年 5 月 20 日

190. 京工商经开分处字〔2015〕第 168 号，2015 年 5 月 20 日

191. 京工商经开分处字〔2015〕第 169 号，2015 年 5 月 21 日

192. 京工商经开分处字〔2015〕第 170 号，2015 年 5 月 21 日

193. 京工商经开分处字〔2015〕第 171 号，2015 年 5 月 21 日

194. 京工商经开分处字〔2015〕第 172 号，2015 年 5 月 21 日

195. 京工商经开分处字〔2015〕第 173 号，2015 年 5 月 22 日

196. 京工商经开分处字〔2015〕第 174 号，2015 年 5 月 22 日

197. 京工商经开分处字〔2015〕第 175 号，2015 年 5 月 25 日

198. 京工商经开分处字〔2015〕第 176 号，2015 年 5 月 25 日

199. 京工商经开分处字〔2015〕第 177 号，2015 年 5 月 25 日

200. 京工商经开分处字〔2015〕第 178 号，2015 年 5 月 25 日

201. 京工商经开分处字〔2015〕第 179 号，2015 年 5 月 27 日

202. 京工商经开分处字〔2015〕第 180 号，2015 年 5 月 27 日

203. 京工商经开分处字〔2015〕第 258 号，2015 年 7 月 17 日

204. 京工商经开分处字〔2015〕第 259 号，2015 年 7 月 17 日

205. 京工商经开分处字〔2015〕第 260 号，2015 年 7 月 17 日

206. 京工商经开分处字〔2015〕第 261 号，2015 年 7 月 17 日

207. 京工商经开分处字〔2015〕第 262 号，2015 年 7 月 17 日

1 号店

（一）纽海电子商务（上海）有限公司

1. 沪工商自贸案处字〔2014〕第 410201410004 号，2014 年 12 月 18 日

2. 沪工商自贸案处字〔2015〕第 410201410009 号，2015 年 1 月 23 日

3. 沪工商自贸案处字〔2015〕第 410201510000 号，2015 年 4 月 10 日

4. 沪工商自贸案处字〔2015〕第 410201510005 号，2015 年 7 月 8 日

5. 沪工商自贸案处字〔2015〕第 410201510008 号，2015 年 7 月 8 日

（二）纽海信息技术（上海）有限公司

1. 浦市监案处字〔2014〕第 150201411273 号，2014 年 10 月 23 日

2. 浦市监案处字〔2015〕第 150201319884 号，2015 年 2 月 28 日

3. 浦市监案处字〔2015〕第 150201412366 号，2015 年 3 月 17 日

4. 沪工商自贸案处字〔2015〕第 410201510002 号，2015 年 4 月 10 日

5. 浦市监案处字〔2015〕第 150201510448 号，2015 年 5 月 29 日

6. 沪工商检处字〔2015〕第 320201510109 号，2015 年 6 月 16 日

7. 沪工商检处字〔2015〕第 320201510122 号，2015 年 7 月 20 日

8. 浦市监案处字〔2015〕第 150201510285 号，2015 年 7 月 23 日

国美在线（上海国美在线电子商务有限公司）

1. 沪工商嘉案处字〔2015〕第 140201510056 号，2015 年 2 月 6 日

2. 沪工商嘉案处字〔2015〕第 140201510057 号，2015 年 2 月 6 日

3. 沪工商嘉案处字〔2015〕第 140201510058 号，2015 年 2 月 6 日

4. 沪工商嘉案处字〔2015〕第 140201510060 号，2015 年 2 月 6 日

5. 沪工商嘉案处字〔2015〕第 140201510070 号，2015 年 2 月 6 日

6. 沪工商嘉案处字〔2015〕第 140201510063 号，2015 年 2 月 25 日

7. 沪工商嘉案处字〔2015〕第 140201510098 号，2015 年 3 月 24 日

8. 沪工商嘉案处字〔2015〕第 140201510137 号，2015 年 4 月 7 日

9. 沪工商嘉案处字〔2015〕第 140201510141 号，2015 年 4 月 8 日

10. 沪工商嘉案处字〔2015〕第 140201510247 号，2015 年 5 月 13 日

11. 沪工商嘉案处字〔2015〕第 140201510102 号，2015 年 5 月 18 日

12. 沪工商嘉案处字〔2015〕第 140201510119 号，2015 年 5 月 21 日

13. 嘉市监案处字〔2015〕第 140201510292 号，2015 年 7 月 13 日

14. 嘉市监案处字〔2015〕第 140201510293 号，2015 年 7 月 13 日

易迅网（上海易迅电子商务发展有限公司）

1. 沪工商宝案处字〔2014〕第 130201410379 号，2014 年 11 月 10 日

2. 沪工商宝案处字〔2014〕第 130201410725 号，2014 年 11 月 27 日

3. 沪工商宝案处字〔2015〕第 130201411290 号，2015 年 1 月 6 日

4. 沪工商检处字〔2015〕第 320201410052 号，2015 年 2 月 2 日

5. 沪工商宝案处字〔2015〕第 130201411030 号，2015 年 3 月 20 日

6. 沪工商宝案处字〔2015〕第 130201411280 号，2015 年 3 月 31 日

7. 沪工商宝案处字〔2015〕第 130201510052 号，2015 年 4 月 21 日

8. 沪工商宝案处字〔2015〕第 130201510186 号，2015 年 4 月 21 日

9. 沪工商宝案处字〔2015〕第 130201510219 号，2015 年 5 月 15 日

10. 沪工商宝案处字〔2015〕第 130201510220 号，2015 年 5 月 15 日

11. 沪工商宝案处字〔2015〕第 130201510214 号，2015 年 5 月 15 日

12. 沪工商宝案处字〔2015〕第 130201510216 号，2015 年 5 月 15 日

苏宁易购（南京苏宁易购电子商务有限公司）

1. 玄工商案〔2015〕00003 号，2015 年 3 月 31 日

2. 玄工商案〔2015〕00004 号，2015 年 4 月 13 日

附二：
淘宝天猫网店行政处罚决定书文号索引

1. 天猫"黄药师旗舰店"，上海道济生物科技有限公司，沪工商嘉案处字〔2014〕第 140201410712 号，2014 年 11 月 10 日

2. 天猫"资葆化妆品旗舰店"，上海冰炫贸易有限公司，沪工商嘉案处字〔2014〕第 140201410761 号，2014 年 11 月 18 日

3. 天猫"欧莱薇旗舰店"，上海马柯炜尔食品有限公司，沪工商青案处字〔2014〕第 290201411600 号，2014 年 11 月 27 日

4. 天猫"bywoky 旗舰店"，上海沃祺皮具有限公司，沪工商嘉案处字〔2014〕第 140201410805 号，2014 年 12 月 15 日

5. 淘宝网"蔚蓝 VS 的天空"，夏俊，沪工商奉案处字〔2014〕第 260201411317 号，2014 年 12 月 31 日

6. 天猫"缔一家居专营店"，上海缔一装饰工程有限公司，沪工商嘉案处字〔2015〕第 140201410849 号，2015 年 1 月 15 日

7. 上海天翌电子商务有限公司经营的"天猫超市"，上海交大昂立生物制品销售有限公司，静市监案处字〔2015〕第 060201410656 号，2015 年 1 月 28 日

8. 上海天翌电子商务有限公司经营的"天猫超市"，上海大沛实业有限公司，静市监案处字〔2015〕第 060201410657 号，2015 年 1 月 28 日

〔2015〕第 140201510116 号，2015 年 5 月 11 日

25. 天猫"马卢达旗舰店"，临安百依邦服饰有限公司，临市监处〔2015〕第 26 号，2015 年 5 月 19 日

26. 天猫"德川办公专营店"，上海德川网络科技有限公司，沪工商金案处字〔2015〕第 280201510137 号，2015 年 5 月 22 日

27. 天猫"汶纳儿车品旗舰店"，上海悦同汽车用品有限公司，沪工商松案处字〔2015〕第 270201510196 号，2015 年 5 月 26 日

28. 天猫"奥朵家居专营店"，上海奥朵家饰用品有限公司，青市监案处字〔2015〕第 290201510080 号，2015 年 6 月 1 日

29. 阿里巴巴，上海豪惠实业有限公司，金市监案处字〔2015〕第 280201510155 号，2015 年 6 月 5 日

30. 天猫"九月六号旗舰店"，上海可居建筑材料有限公司，青市监案处字〔2015〕第 290201510098 号，2015 年 6 月 8 日

31. 天猫"恒源祥洛澜专卖店"，上海洛澜商贸有限公司，金市监案处字〔2015〕第 280201510122 号，2015 年 6 月 9 日

32. 天猫"绿盒子官方旗舰店"，上海绿盒子网络科技有限公司，黄市监案处字〔2015〕第 010201510069 号，2015 年 6 月 10 日

33. 天猫店网店（网址 yuefanjiaju.tmall.com），上海阅凡商贸有限公司，浦市监案处字〔2015〕第 150201510196 号，2015 年 6 月 11 日

34. 天猫"智庭鞋类专营店"，上海智庭商贸有限公司，松市监案处字〔2015〕第 270201510179 号，2015 年 6 月 12 日

35. 天猫"亮奎食品专营店"，亮奎贸易（上海）有限公司，普市监案处字〔2015〕第 070201510050 号，2015 年 6 月 15 日

36. 天猫"花语者旗舰店"，苏州左扬生物科技有限公司，浦市监案处字〔2015〕第 150201510617 号，2015 年 6 月 19 日

37. 天猫"怀轩旗舰店"，上海怀永商贸有限公司，普市监案处字〔2015〕第 070201510196 号，2015 年 6 月 30 日

38. 天猫网络平台（艺美家居商城）"贝焱家居专营店"，贝焱贸易（上海）有限公司，奉市监案处字〔2015〕第 260201411131 号，2015 年 6 月 30 日

39. 天猫"祥莹数码专营店"，上海祥莹贸易有限公司，闸市监案处字〔2015〕第 080201504009 号，2015 年 7 月 1 日

40. 天猫"osdy 箱包旗舰店"，上海卡内门贸易有限公司，金市监案处字〔2015〕第 280201510078 号，2015 年 7 月 6 日

41. 天猫"枣庆堂旗舰店"，上海贝杉国际贸易有限公司，青市监案处字〔2015〕第 290201510094 号，2015 年 7 月 6 日

42. 天猫"湘谊旗舰店"，上海湘谊贸易有限公司，青市监案处字〔2015〕第 290201510071 号，2015 年 7 月 13 日

43. 天猫"sibirskaya 旗舰店"，上海当顿贸易有限公司，金市监案处字〔2015〕第 280201510108 号，2015 年 7 月 16 日

44. 天猫"锦缘盛旗舰店"，上海菩提缘商贸有限公司，金市监案处字〔2015〕第 280201510172 号，2015 年 7 月 17 日

45. 天猫"资葆化妆品旗舰店"，上海冰炫贸易有限公司，嘉市监案处字〔2015〕第 140201510309 号，2015 年 7 月 21 日

46. 淘宝网（已注销），上海尊者贸易有限公司，宝市监案处字〔2015〕第 130201510587 号，2015 年 7 月 22 日

47. 天猫 HYPERLINK，上海麦旻商贸有限公司，闵市监案处字〔2015〕第 120201510537 号，2015 年 7 月 23 日

48. 天猫"清和食品专营店"，山西清和商贸有限公司，并工商消罚字〔2015〕第 6 号，2015 年 7 月 23 日

49. 天猫尊尚深科专营店，上海深科电子商务有限公司，宝市监案处字〔2015〕第 130201510591 号，2015 年 7 月 28 日

50. 天猫车品弘智专营店，上海佳饰车电子商务有限公司，宝市监案处字〔2015〕第 130201510595 号，2015 年 7 月 28 日

51. 天猫"蔓斯 teavase 旗舰店"，上海秦味商贸有限公司，青市监案处字〔2015〕第 290201510248 号，2015 年 7 月 30 日

52. 天猫"芯鲜数码专营店"，上海芯鲜科技有限公司，嘉市监案处字〔2015〕第 140201510316 号，2015 年 8 月 3 日

53. 天猫"也买酒官方旗舰店"，也买（上海）商贸有限公司，闵市监案处字〔2015〕第 120201510152 号，2015 年 8 月 3 日

54. 天猫"四海母婴专营店"，北京四海在线电子商务有限公司，京工商海处字〔2015〕第 830 号，2015 年 8 月 7 日

55. 天猫"乐清堂海闵专卖"店铺，上海海闵商贸有限公司，闵市监案处字

〔2015〕第 120201510420 号，2015 年 8 月 10 日

56. 天猫"古云草哈达专卖店"，上海哈达贸易有限公司，金市监案处字〔2015〕第 280201510152 号，2015 年 8 月 11 日

57. 天猫"agsdon 奥古狮登舍蒙专卖店"，泉州舍蒙商贸有限公司，泉丰工商处字〔2015〕第 6040 号，2015 年 8 月 17 日

58. 天猫网开设的网店（http://benyisw.tmall.com/），上海本毅网络科技有限公司，闵市监案处字〔2015〕第 120201510618 号，2015 年 8 月 18 日

59. 阿里巴巴，上海思居贸易有限公司，嘉市监案处字〔2015〕第 140201510359 号，2015 年 8 月 20 日

60. 阿里巴巴，麦贸信息技术（上海）有限公司，松市监案处字〔2015〕第 270201510273 号，2015 年 8 月 21 日

61. 天猫"COCOESSENCE 旗舰店"，上海雅素电子商务有限公司，杨市监案处字〔2015〕第 100201510136 号，2015 年 8 月 25 日

62. 天猫"联珏居家日用专营店"，上海联珏商贸有限公司，浦市监塘所处字〔2015〕第 150201510844 号，2015 年 9 月 2 日

后 记

　　本次研究工作，从 2015 年 8 月开始启动，耗时 5 个月完成。其间，国家工商总局有关司局和部分省区市工商局有关负责人多次对课题研究及本书撰写提出建议；部分承办电商违法案件的基层工商局执法人员积极接受采访，除详细介绍了有关办案情况外，还对本书撰写提出了一些很好的建议，我们在此一并感谢。

　　本着严谨、专业的态度，我们在本书附录中详细列出了作为本次研究基础的 354 份行政处罚决定书的文号及日期，社会公众可登录全国企业信用信息公示系统查阅全文。这些文书凝聚着各地工商、市场监管队伍在日常执法中履职尽责的心血，在此向他们致以深深的敬意。

　　同时，我们也向努力加强内部合规建设、积极保护消费者合法权益、积极纠正问题、弘扬社会正能量的电商及网店表示敬意。

　　本书由李国政设计提纲，并撰写第一章至第七章，倪泰撰写第八章。刘雯、陈雅姝、刘阳参与了案件收集整理工作。由于时间仓促，水平有限，加上截至本书出版时几乎没有同类研究资料可供参考，书中可能有纰漏和不足之处，恳请读者、专家指正，联系邮箱：cicnlgz@126.com。